Dieses Buch gehört:

Das Ostfriesen Kochbuch

gesammelt, aufgeschrieben
und ausprobiert von

Annelene von der Haar

Anaconda

Lizenzausgabe mit freundlicher Genehmigung
Originalausgabe mit dem Titel »Das Kochbuch aus Ostfriesland«
ist 1975 im Hölker Verlag erschienen

Penguin Random House Verlagsgruppe FSC® N001967

5. Auflage

einem Unternehmen der Penguin Random House Verlagsgruppe GmbH,
Neumarkter Straße 28, 81673 München
produktsicherheit@penguinrandomhouse.de
(Vorstehende Angaben sind zugleich Pflichtinformationen nach GPSR.)

Umschlaggestaltung: Harald Braun, Berlin
Umschlagabbildung: Julian Klein von Diepold, »Mühle in West-Großefehn«,
1946, Öl auf Leinwand, Ostfriesisches Landesmuseum Emden,
Foto: Martinus Ekkenga, Detail © Ostfriesisches Landesmuseum Emden
Illustrationen Innenteil: shutterstock.com
S. 3, 149 (AVA Bitter); 10–11, 18–19, 88–89, 98–99, 124–125, 140–141 (AKaiser);
14, 28–29, 60–61, 71, 152 (bioraven), 27 (Esenin Studio); 32–33 (Rustic);
42–43 (Marina Levshina); 50–51 (Babich Alexander); 74–75 (Natalya Levish);
102–103 (mamita), 106–107 (Alena Kaz), 116–117 (Pinchuk Oleksandra)
Satz und Layout: www.paqué.de
Druck und Bindung: Alföldi Nyomda Zrt., Debrecen
Printed in Hungary
ISBN 978-3-7306-0645-2
www.anacondaverlag.de

Inhalt

In't Hörn bi't Füür

Nä, een Pottkieker bün ick wiß nich, woll aber een Leckerbeck, de heel genau weet, wat good smeckt. Un dat as Ostfrees, de säker blot mit Karmelkbree, Bohnen un Grönkohl upwussen is.

Well dat glövt, weet nich, wat de Pott tüschen Ems un Jade, also tüschen Emden un Wilhelmshaven, so upgivt. Mitunner mehr, as een weet un wohrhebben will.

Wenn ok dat olle plattdütsche Word »Ostfreesland is as'n Pankook, de Rand is dat best« nix mit Äten un Drinken to doon het, woll aber mit de Dreeklang: Marsch, Moor un Geest. Doch of fett, of natt un of drög, wo de Grund ok unner de Footen weer un is, uns Froolü hebt alltied een sworen Hand bi't Kaken had.

Dat markt ›n ok so mennig Rezept an: deftig, kräftig, fein van Päper un Solt un vör allen good van Smeer. Ja, dor kunn un kann een dat woll bi vullhollen, rechtschapen wat in't Lief un in de Ribbens kriegen. Wat ›n bi dat mitunner ruge Weer ok woll brukt; een Stahfast to woren, de nich bi elker lüttje Windstöt över Kopp weiht. Dorum staht wi an de Waterkant ok so fast up de Grund un lat‹ uns nich licht wat vörkökeln.

So treckt dör Ostfreeslands Kakpotten all van Urtieden her een Rök van Stävigkeit. Nu, bi't Törfgraben in't Moor, bi't Schlöten in Kleigrund un bi dat Boon van Dieken, mussen mien Landslü all wat in de Mauen un in de Wanten hebben. Dat Word »Kalorien« weer hör frömd. Een gesunden Smacht regeerde noch de Maag.

Doch wullen wi vandaag noch as fröhr tafeln, so sull uns dat woll nich blot up de Buuk slaan, nä, wi kunnen ok noch riesen, as'n Hüdel. Dat gellt nich minner för de Buren, de doch ok all de meeste Tied in't Sitten, äben up de Trecker, hör Dagwark doon.

Dor helpt blot eens: de swore Hand weglaten! Un well dat deit, de kann ok nu noch driest na olle ostfreeske Rezepten kaken. Kann över de Tung Tieden pröben, as noch Bembessens, Böhners un Beckuprieters in de Mod weeren.

Man Äten na de olle Wenst, well deit dat noch! Ok bi uns hangen Omas Prüllkepann un Moders handsmäd Neejohrskookeniesen all lang an de Mür. Moij antokieken, man nich mehr in Gebruk.

Jüst so, as de Beckuprieters, breede tinnern Löpels, noch ut een Tied, as't Knechten un Maiten geev, un de groode Kumm mit Karmelkbree elker mörgen noch in de Achterköken midden up de blankschürt Tafel stunn. Elk langde to, un wenn denn naderhand, de bit up de Baam utkrarbte Pott uptillt wur, gung baben de holten Planken de Sünn up, leepen Slackerpadstrahlen na alle Kanten hen.

Un of un an, as sück dat hört, een lecker Köpke Tee, uns »Nationalgetränk«. Lütt de Tass, fienrippt mit Rosenmuster; groot de Kluntje, as'n Sliepsteen; Tee, dunkelbruun, as Ölje un baben drup Rohm, as een Wulkje. Aber ja nich umröhren! Blot so prövt man bi't Drinken een annern Dreeklang: erst de sachte Rohm, dorna de bitter Tee un denn stiggt ut de Dübde van de Tass de Söte up.

Dree Tassen Tee, dat is Ostfreesenrecht. Un well nich noch mehr mag, de stellt, sünner een Word, de Löpel in't Köpke. Dat word verstahn un respekteert.

Nu wast de Tee ja nich, so as Grönkohl, achter de Diek. He kummt van wiether, van Assam, Java, Darjeeling un Ceylon un word bi uns so mengselt, dat he as »Ostfriesische Mischung« to Koop steiht.

Wat ›n echten Ostfrees is, de brukt in sien Läben good seßhunnert Pund Tee. Van de Barg an Kluntjes, un de Pool an Rohm heel to swiegen.

Tee, un dor lat ick mi nich van ofbrengen, lett een babento ok noch old woren. Denn nargends giv't mehr olle Lü, as bi uns an de Küst. Säker deit ok dat Swartbrot sien Deel, nich to vergäten de »Ostfreeske Landwien«, Schnaps ut Kornsaat, un dat deftige Äten. Vör allen, nich to faken Snipsnapsnoren, nä, ok mal Rugfoor, umdat de Maag so recht van binnen schürt word. Un noch eens: elker Dag eenmal in't Sweet kamen!

Dör Äten, Drinken un Arbeit old woren, wor word een dat noch mal baden. Dorum singen wi Ostfreesen ok woll: »In Ostfreesland is't am besten!« Un an een Stä heet dat in uns Nationalleed: »... kun'k man Moders Breepott smaken, seet ›k man wär in't Hörn bi't Für!«

Un nu: smakelk Äten! Dit wünscht Jo van Harten –

Ewald Christophers

PS: Beckuprieters – »Maulaufreißer« – kurzstielige Zinnlöffel
mit breiter Lasse
riesen – aufgehen
Mauen – Arme, Ärmel
Wanten – Eingeweide
Rugfoor – rauhes Futter
sünner – ohne
Smacht – Hunger
Karmelkbree – Buttermilchbrei
Hörn – Ecke
Pool – Teich
Smecr – Fett
Karmelkbree – Buttermilchbrei
Hörn – Ecke
Pool – Teich

Fleischsuppen

Rindfleischbrühe

Zutaten: 750 g Hohe Rippe oder Beinscheibe, 2 l Wasser,
½ TL Salz, 2 Markknochen, Petersilie
heute: etwas Suppengewürz

Wasser mit Salz zum Kochen bringen. In das kochende Wasser kommen das gut gewaschene Fleisch und die Knochen. Bei geschlossenem Topf und mittlerer Hitze muss es ungefähr 1 ½ Stunden kochen. Danach wird die Suppe nochmals mit Salz und Suppengrün abgeschmeckt, mit gehackter Petersilie bestreut und durch Einlagen verfeinert.

Suppeneinlagen ↑ Seite 30

In Ostfriesland verwertet man das Suppenfleisch, indem man es entweder in kleine Würfel schneidet und in die Brühe zurückgibt oder in der restlichen Bratensoße vom Sonntag warm macht und als Montagessen serviert.

Hühnersuppe

Zutaten: 1 schweres Huhn, 3 l Wasser, ½ TL Salz,
2 Macisblüten, Petersilie
heute: etwas Suppengewürz

Das Wasser wird mit wenig Salz zum Kochen gebracht. In das kochende Wasser gibt man das gut gewaschene Huhn und die Macisblüten und lässt es je nach Alter der Huhnes 1 ½ bis 2 Std. kochen. Sellerie und Porree beeinträchtigen den feinen Geschmack der Hühnersuppe und sollten aus diesem Grunde nicht in die Suppe gegeben werden. Das gekochte Huhn aus der Suppe nehmen und zu Hühnerfrikassee verwerten! (Seite 57).

Die Suppe mit Suppenwürze und Salz abschmecken, mit gehackter Petersilie bestreuen und mit Suppeneinlagen verfeinern.
(↑ Seite 30).

Hasensuppe

Zutaten: 750 g Hasenklein, 60 g Butter, 60 g magerer Speck, einige Schinkenschwarten, 4 Zwiebeln, 2 Stangen Porree, 4 Wurzeln, 1 Lorbeerblatt, 2 Nelken, 2 l Wasser, ¼ TL Salz, 1 Glas Rotwein oder etwas ostfriesischer Branntwein und frische Sahne

Das Hasenklein in Butter und Speck anbraten, das klein geschnittene Gemüse, die Schinkenschwarten und Gewürze zufügen und mit Wasser ablöschen. Etwa 1 ½ Std. kochen lassen, bei mittlerer Hitze, Speckschwarten und Hasenklein aus der Suppe nehmen und das Fleisch von den Knochen lösen. Dieses klein schneiden und zum Erwärmen in die Suppe geben. Nun mit Salz und Rotwein oder Branntwein abschmecken. An die fertige Suppe wird noch etwas frische Sahne gegeben.

Hier eine moderne

Wildsuppe

Zutaten: 250 g Wildfleisch ohne Knochen, 50 g Butter, 50 g magerer Speck, 2 Möhren, 2 Zwiebeln, 1 Knoblauchzehe, Salz, Pfeffer, 2 Lorbeerblätter, 1 EL gekörnte Brühe, ¾ l Brühe, ¼ l leichter Rotwein, 4 EL Preiselbeeren, 2 EL ostfriesischer Branntwein, ⅛ l süße Sahne

Die klein gewürfelten Möhren, Zwiebeln und die Knoblauchzehe in Butter und Speck anbräunen. Das Wildgulasch dazugeben und mit Salz, Pfeffer, Lorbeerblättern und gekörnter Brühe würzen. Mit Wasser ablöschen und mit Rotwein auffüllen. Etwa 1 Std. langsam kochen lassen und dann mit Preiselbeeren, Branntwein und Sahne abschmecken.

Hier eine für Sie ausprobierte moderne

Granatsuppe – Krabbensuppe

Zutaten: 250 g Granat, 4 EL Butter, 2 Zwiebeln, 2 Porreestangen, 2 Möhren, 2 EL Mehl, ½ l Brühe, ¼ l Weißwein, etwas Suppengewürz, etwas Salz, etwas Cayennepfeffer, ⅛ l Sahne

In der Butter die klein geschnittenen Zwiebeln, den Porree und die Möhren glasig dünsten, das Mehl überstäuben und mit der Brühe ablöschen. Etwa 10 Minuten langsam kochen lassen, dann den Granat und den Wein dazugeben und mit Suppengewürz, Salz, etwas Cayennepfeffer und Sahne abschmecken.

Notizen & weitere Rezepte:

Mittagessen

Braten mit frischen Gemüsen

Hasen mit Apfelkompott, Rotkohl,
Sauerkraut, Kopfkohl, Kastanien
Enten halben Wurzeln u. Spring-
bohnen, [illegible], Spargel, Kastanien [illegible]
Gans Rotkohl, Rosenkohl, Sauerkraut
Pilze passen zu Enten, Hasen, Rehen,
Schinken, Kalb, Rind.
Schweinebraten Rotkohl Sauerkraut
Grünkohl, Äpfel und Kastanien
Schweinerippe gefüllt mit Äpfel
und Pflaumen, Äpfel und Kastanien.
Blutwurst vom Schweinebraten.
Rouladen Wurzeln Rüben,
Erbsen, Bohnen, Rotrüben
[illegible]
Suppenfleisch. Rind. Hammel. Schwein.
Wirsing, Weißkohl, Petersilienkartoff.
[illegible]
[illegible] Speck, Sauerkraut,
Große Bohnen Kochbohnen
Spanisch Fricco Weißkohl
Kohlrouladen
[illegible] Kochbohnen [illegible]
[illegible] Rotrüben, Wurzelgemüse
[illegible] Sauerkraut
[illegible] Erbsen [illegible],
Geb. Blutwurst Sauerkraut Kochbohnen.
Sauerkraut mit Erbsenpüree
Erbsensuppe, Bohnensuppe, Gemüsesuppe } Pudding, Reisauflauf, Apfelküchlein, Apfelreis
[illegible] alle Gemüse außer Kohl

Notizen & weitere Rezepte:

Abendessen

Kartoffelkl. [illegible];
Klößen [illegible] kl. Klößchen,
Kompott od. Zucker u. Zimt.
Kartoffelplätzchen Kürbis
Makkaroni m. Butter
Makkaroni mit Schinken
[illegible]
Kartoffelbrei m. Pilzragout
Kartoffelbrei m. Speck u. Zwiebel
geb. Blutwurst
" Leberwurst
Apfelspeis. z. Blutwurst
{ Kartoffelbrei
Schmorkartoffeln
Kartoffelsalat
Kartoff. in Zwiebelsoße
Bratkartoffeln m. Rührei
" " m. [illegible]
Eierauflauf (Kerf)
Kartoffel, Makkaroni, Pilze Auflauf
Kartoffelauflauf m. Schinken Cornedbeef
Makkaroni mit Cornedbeef in d. Pfanne
Gemüseauflauf
Reisauflauf in d. Mitte Kompott

Notizen & weitere Rezepte:

Milchsuppen und Milchspeisen

Ein besonderes Kennzeichen der ostfriesischen Küche sind die vielen Milchspeisen. Man isst sie im Sommer kalt, im Winter warm, als Vorsuppe, Nachsuppe (Nachtisch) oder als Hauptgericht. Sie gehören in immer neuen, einfallsreichen Abwandlungen zu der einfachen, derben und kräftigen Hausmannskost in diesem Teil Deutschlands.

Milchsuppe mit Eischneeklößen

Zutaten: 1 l Milch, 30 g Zucker, 60 g Sago,
1 Vanilleschote (heute Vanillezucker), etwas Salz
Abwandlung: 2 EL Kakao oder 100 g Korinthen

Der Sago wird in die kochende Milch gegeben und muss auf kleiner Flamme etwa 15 Minuten darin quellen. Nun auf die Suppe die Eischneeklößchen setzen und nochmals bei geschlossenem Topf 5 Minuten ziehen lassen, damit die Klöße fest werden. Als Abwandlung kann man auch Kakao oder Korinthen mit in die Suppe geben.

In Ostfriesland stellt man getrennt zur Suppe Zucker und Zimt mit auf den Tisch.

Eischneeklößchen ↑ Seite 31

Milchsuppe mit Mehlklütjes

Zutaten: 1 l Milch, etwas Salz,
1 Vanilleschote (heute Vanillezucker), 2 EL Mehl
Abwandlung im Sommer: 1 Schälchen gezuckerte frische Stachelbeeren aus dem Garten

Die Milch mit etwas Salz und Vanillezucker zum Kochen bringen. Das Mehl mit etwas kalter Milch anrühren und unter Rühren zu der kochenden Milch geben. Etwa 2 Minuten gut durchkochen lassen, aber richtig rühren, damit es nicht anbrennt. Nun die Mehlklütjes in die heiße Suppe geben und darin 5 bis 10 Minuten ziehen lassen. Dazu reicht man Zucker und Zimt.

Mehlklütjes ↑ Seite 31

Milchsuppe mit Schneemilch

Zutaten: 1 l Milch, 1 Prise Salz, 2 EL Mehl, 1 Vanilleschote (heute 1 Päckchen Vanillepuddingpulver), 2 Eier

Die Milch mit Salz und Vanillezucker zum Kochen bringen, das kalt angerührte Mehl oder Puddingpulver hineingeben und die Suppe unter ständigem Rühren einige Minuten durchkochen lassen. Eiweiß zu steifem Schnee schlagen und vorsichtig das Eigelb und den Zucker unterheben. Dann die Suppe unter tüchtigem Schlagen dazugeben. Auch hierzu bietet man Zucker und Zimt an.

Schokoladensuppe mit Eischneeklößchen

Zutaten: 125 g Schokolade, 1 Tasse Wasser, 2 l Milch, 2 EL Speisestärke, 2 Eier

Die Schokolade wird mit einer Tasse Wasser auf dem Feuer zu Brei gerührt, die mit Speisestärke angerührte Milch dazugegeben und alles zum Kochen gebracht. Nun wird das Eigelb mit einer Kelle Suppe verrührt und an die nicht mehr kochende Flüssigkeit gegeben. Eischneeklößchen auf der Suppe 5 Minuten ziehen lassen.

Eischneeklößchen ↑ Seite 31

Buttermilchsuppe mit Mehlklütjes

Zutaten: 1 l Buttermilch, 2 EL Speisestärke, 2 EL süße Sahne, als Abwandlung 125 g getrocknete Pflaumen

Die Speisestärke wird in der Sahne und mit etwas Buttermilch glatt gerührt, dann wird die übrige Buttermilch dazugegeben und alles unter Rühren zum Kochen gebracht. Mehlklütjes in die Suppe geben und bei geschlossenem Topf etwa 5 bis 10 Minuten ziehen lassen.

Mehlklütjes ↑ Seite 31

Abwandlung: Buttermilchsuppe mit Backpflaumen
Die Pflaumen in ⅛ l Wasser weichkochen, entsteinen und mit dem Saft an die Suppe geben. Auch hierzu reicht man Zucker und Zimt.

Buttermilchbrotsuppe mit Mehlklütjes

Zutaten: 1 l Buttermilch, 6 Scheiben ostfriesisches Schwarzbrot, 125 g Rosinen oder Korinthen, Sirup

Das Brot wird mit etwas kaltem Wasser eingeweicht und zum Kochen gebracht, durch ein Sieb gerührt und dann mit der Buttermilch und den Rosinen vermischt. Nun lässt man die Suppe unter ständigem Rühren zum Kochen kommen, schmeckt sie mit Salz ab, gibt die Mehlklütjes hinein und lässt sie 5 bis 10 Minuten ziehen. Dazu reicht man Sirup zum Süßen.

Mehlklütjes ↑ Seite 31

»Görtmelkbree« – Grützmilchbrei

Zutaten: 100 g Graupen (Gört), 1 l Wasser, 2 l Milch, etwas Salz

Die Graupen werden eingeweicht, gewaschen und dann mit dem Wasser etwa eine Stunde weich gekocht. Eventuell muss zwischendurch etwas Wasser nachgegossen werden. Dann gibt man die Milch und etwas Salz dazu und lässt den Brei noch etwa eine Stunde langsam sämig kochen. Die Masse muss des Öfteren umgerührt werden, damit sie nicht anbrennt. Gewürzt wird Görtmelkbree mit Sirup oder Zucker.

»Riesbree« – Milchreis mit Rosinen

Zutaten: 2 l Milch, 250 g Milchreis, 250 g Rosinen

In die kochende Milch gibt man den gewaschenen Reis und die Rosinen und lässt alles langsam 30 Minuten kochen. Dazu reicht man Zucker, Zimt und zerlassene Butter. »Riesbree« ist eine beliebte Vorspeise, wenn die Hauptspeise aus Resten vom Vortage besteht.

»Rebbedi« – Mehldick

Diese Speise kann in wenigen Minuten zubereitet werden. Sie wird darum wohl auch »Laiwievenkost« genannt. Es ist eine ausgesprochene Winterkost.

Zutaten: 1 ½ l Milch, 1 Prise Salz, 250 g Weizenmehl

Milch mit Salz zum Kochen bringen. Vorsichtig das Mehl einstreuen und 5 Minuten durchkochen lassen. Tüchtig durchrühren, da es sonst leicht anbrennt. Man reicht dazu Sirup und zerlassene Butter.

Roggenmehlflupp

Zutaten: 1 l Wasser, 100 g Roggenmehl, 1 Prise Salz

Wasser zum Kochen bringen und das feine Roggenmehl hineinrühren und vorsichtig kochen lassen. Mit einer Prise Salz abschmecken und auf die Teller verteilen. Darüber gießt man kochende Milch und streut Zucker über die Suppe. »Flupp« aß man abends oder zum Frühstück.

»Karmelkbree« – Buttermilchbrei

Karmelkbree wird auf die gleiche Weise zubereitet wie Görtmelkbree. Beide Speisen reicht man in Ostfriesland gern als Vorspeise zu »Tuffeis, Flesk un Stipp« (Kartoffeln, Fleisch und Soße). Nimmt man ihn als Hauptspeise am Mittag oder am Abend, so schmeckt dazu besonders gut eine Scheibe ostfriesisches Schwarzbrot mit Butter und Käse.

Buttermilchbrei wird heute in den Molkereien Ostfrieslands hergestellt und ist in Einzelhandelsgeschäften zu kaufen.

»Biersopp« – Biersuppe

Zutaten: ½ l Milch, 60 g Sago, 3 EL Zucker, 2 EL Sirup, ½ l Braunbier oder Weißbier, 2 Eier, Zimt

Sago in die kochende Milch geben und darin 15 Minuten ziehen lassen. Zucker, Sirup und Bier dazufügen und kurz aufkochen lassen. Das Eigelb mit einigen Löffeln Suppe verreiben, in die Flüssigkeit geben und nicht mehr kochen lassen. Eischneeklöße auf die Suppe geben, mit Zimt bestreuen, den Topf verschließen und 5 Minuten ziehen lassen.

Eischneeklöße ↑ Seite 30

Die Biersopp kann warm und kalt gegessen werden.

»Plumensopp« – Pflaumensuppe

Zutaten: 250 g getrocknete Pflaumen, 250 g Rosinen, ½ l Wasser, Stangenzimt, 40 g Sago, Zucker oder Sirup zum Süßen

Die getrockneten Pflaumen und Rosinen gründlich waschen und eine Nacht einweichen. Am nächsten Tag die Früchte mit dem Wasser, dem Einweichwasser und dem Zimt weich kochen, und zwar ca. 1 Std. Nun wird die Zimtstange entfernt, der Sago vorsichtig eingestreut und auf kleiner Flamme etwa 15 Minuten zum Quellen gebracht. Auf die fertige Suppe gibt man Eischneeklößchen (↑ Seite 31).

Die Plumensopp wird nach Belieben mit Zucker oder Sirup abgeschmeckt.

Kürbissuppe

Zutaten: 500 g gelber Melonenkürbis, 1 l Milch, ½ Zimtstange, 40 g Speisestärke, 5 EL Zucker, etwas Salz

Milch mit der Zimtstange zum Kochen bringen, den Kürbis fein raspeln, in die Milch geben und langsam darin gar kochen. Speisestärke mit etwas Wasser verrühren, zur Suppe geben und mit Zucker und Salz abschmecken. Die Zimtstange herausnehmen!

»Fliedersopp« – Holunderblütensuppe

Zutaten: 6 Holunderblüten, ½ l Wasser, 1 l Milch, 40 g Sago, 40 g Zucker, etwas Salz, 2 Eier

Holunderblüten gründlich waschen und im Wasser 10 Minuten langsam kochen und dann durchsieben. Den Sud mit der Milch auffüllen, zum Kochen bringen, Sago, Zucker und wenig Salz dazugeben und bei mäßiger Hitze Sago 15 Minuten darin quellen lassen. Eiweißklößchen auf die Suppe setzen, mit Zimt bestreuen und 5 Minuten bei geschlossenem Topf ziehen lassen.

Eiweißklößchen ↑ Seite 31

Abwandlung: Man kann gekochte, säuerliche Apfelstückchen mit in die Suppe geben.

Diese und auch die folgenden Obstsuppen sind im Sommer als Kaltschalen ein leckeres und erfrischendes Gericht.

Rhabarbersuppe

Zutaten: 500 g Rhabarber, 1 ½ l Wasser, 200 g Zucker, 40 g Speisestärke, ½ Zimtstange, 2 Eier

Rhabarber waschen, klein schneiden und mit dem Zucker und der Zimtstange in kochendem Wasser weich dünsten. Die Masse wird durch ein Sieb gestrichen und dann die angerührte Speisestärke in die kochende Flüssigkeit gegeben. Mit dem Eigelb abziehen! Eiweißklößchen auf die Suppe setzen und ziehen lassen!

Eiweißklößchen ↑ Seite 31

Stachelbeersuppe

Auf die gleiche Weise wie die Rhabarbersuppe kocht man von unreifen Stachelbeeren eine leckere Fruchtsuppe.

Probieren Sie einmal diese moderne

Sauerkirschsuppe

Zutaten: 500 g entsteinte Sauerkirschen, 250 g Pfirsiche in Scheiben, ½ l Wasser, 150 g Zucker, Saft einer Zitrone, ½ Zimtstange, 2 EL Speisestärke, ¼ l Weißwein, 8 Kugeln Vanilleeis, 100 g blättrige Mandeln, in Butter geröstet

Den Kirsch- und Pfirsichsaft mit Wasser, Zucker, Zitronensaft und der Zimtstange aufkochen. Speisestärke mit etwas Wasser anrühren und in die kochende Flüssigkeit geben. Alles 3 Minuten durchkochen lassen und die Zimtstange herausnehmen. Anschließend die Kirschen in die Suppe geben, den Wein zugeben und kalt werden lassen. Nun werden die Pfirsichscheiben dazugegeben, die Suppe in Teller gefüllt und die Eiskugeln darauf verteilt. Mit in Butter gerösteten Mandeln bestreuen.

Dicke Nudeln

mit Dörrpflaumen in Milchstippe

Zutaten: 250 g Makkaroni, 2 ½ l Wasser, ½ TL Salz
für die Stippe: ¼ l Milch, 3 EL Mehl, 250 g getrocknete Pflaumen, ⅛ l Wasser, 3 EL Zucker

Die Makkaroni in kochendes Salzwasser geben, durchrühren, damit sie nicht zusammenkleben, und 20 Minuten langsam kochen lassen. Die Makkaroni auf den Durchschlag geben, mit kaltem Wasser überbrausen und in die heiße Milchstippe geben. Für die Milchstippe bringt man Milch zum Kochen und rührt langsam Mehl dazu. Tüchtig durchkochen lassen und ständig rühren, damit es nicht anbrennt. Die Pflaumen mit Wasser und Zucker etwa 15 Minuten kochen lassen. Die Dörrpflaumen werden getrennt zu den Nudeln gereicht.

Hier eine moderne

Buttermilchsuppe

im Hochsommer als Kaltschale ein sehr gutes Hauptgericht.

Zutaten: 1 ½ l Buttermilch, 6 Blatt gemahlene Gelatine, 5 EL Zucker, 2 Päckchen Vanillezucker, Saft von je einer Zitrone und einer Apfelsine, 500 g eingemachte Birnen, ¼ l geschlagene Sahne, etwas Zimt

Die Gelatine nach Vorschrift auf der Packung quellen lassen, dann unter ständigem Rühren erwärmen, bis sie gelöst ist. Lauwarm an die Buttermilch geben, ebenfalls den Zucker, den Vanillezucker, den Saft der Zitrone und der Apfelsine. Die Birnen in kleine Würfel schneiden und mit dem Saft zur Suppe geben. Die Suppe in Teller geben, in die Mitte ein Sahnekrönchen spritzen und mit Zimt bestreuen.

Suppeneinlagen

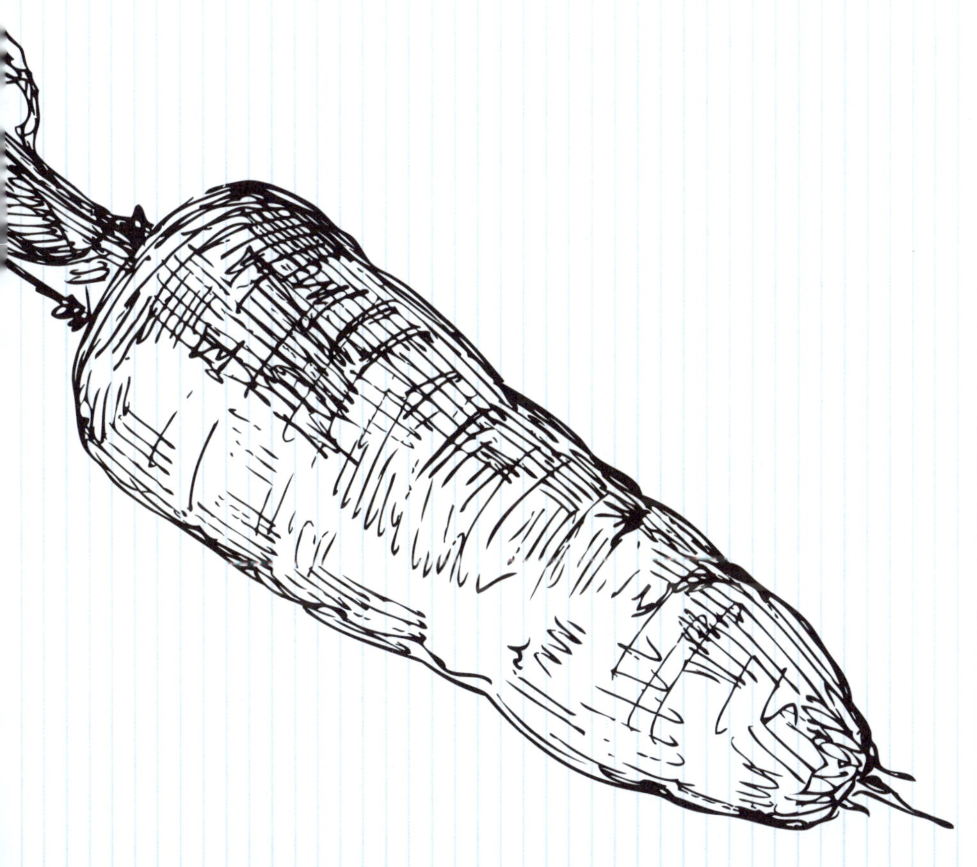

Zusammenstellung bei Rindfleischbrühe

a) Eierstich, Fleisch, Petersilie
b) Eierstich, kleine Nudeln, Petersilie
c) Kartoffelklöße, gr. Hörnchennudeln, Petersilie
d) Mehlklöße und Petersilie

Zusammenstellung bei Hühnersuppe

Reis, Fleisch und Petersilie

Zusammenstellung bei Milchsuppen und Obstsuppen

Mehlklütjes und Eischneeklößchen

Eierstich

Zutaten: ⅛ l Brühe, 3 Eier, 1 Msp. Salz und geriebene Muskatnuss

Alle Zutaten miteinander verquirlen. Ein Schüsselchen oder eine große Tasse mit Butter auspinseln und mit der Eimenge füllen. Im Wasserbad 30 Minuten langsam stocken lassen. Den Eierstich aus der Schüssel stürzen und mit dem Buntschälmesser in Würfel schneiden und in die heiße Suppe geben.

Kartoffelklöße

Zutaten: 6 frisch gekochte und geriebene Kartoffeln, 2 Eier, 2 EL Butter, 2 EL Mehl, Muskat, 2 Zwiebäcke, etwas Salz

Die Kartoffeln werden mit den Eiern, der Butter, dem Salz, der Muskatnuss glatt gerührt und dann mit dem Mehl und den geriebenen Zwiebäcken zu einem Teig verarbeitet. Mit einem Teelöffel sticht man kleine Klöße ab und gibt sie in die kochende Suppe. Sie müssen 5 Minuten langsam in der Fleischsuppe ziehen.

Mehlklöße

Zutaten: 60 g Butter, 1 Ei, 1 Eidotter, gehackte Petersilie, Muskat, etwas Salz, 2 EL Mehl

Die Butter sahnig rühren und nach und nach das Ei, Eigelb, Petersilie, Muskatnuss, Salz und Mehl dazugeben. Mit einem Teelöffel kleine Klöße abstechen und 10 Minuten in der Fleischsuppe ziehen lassen.

Mehlklütjes – Mehlklöße

Zutaten: 3 Eier, 2 EL Milch, 125 g Mehl

Aus Eiern, Milch und Mehl bereitet man einen Teig, sticht mit einem Teelöffel kleine Klöße ab und gibt sie in die fertige Milchsuppe. Darin lässt man sie 5 bis 10 Minuten ziehen.

Eischneeklößchen

Eiweiß sehr steif schlagen und mithilfe von 2 Teelöffeln kleine Häufchen auf die Suppe setzen. Im geschlossenen Topf 5 Minuten ziehen lassen.

Fleischgerichte

In Ostfriesland bildete das Schlachtfest den Höhepunkt und zugleich den Abschluss des Schlachttages, zu welchem auch die Nachbarn eingeladen wurden.

Zum festlichen Schlachtessen gehört unbedingt »Sniertjebraa«.

Ostfriesischer Sniertjebraa

Zutaten: 500 g fetter Nackenbraten, 500 g Nackenbraten, 500 g Schulterbraten, 60 g Schweinefett oder Butter, 500 g Zwiebeln, 1 EL Mehl, 3 EL Sahne, Salz und Pfeffer nach Geschmack

Das Fleisch mit Salz und Pfeffer einreiben und in heißem Fett von allen Seiten scharf anbraten. Mit etwas Wasser auffüllen und 30 Minuten schmoren lassen. Jetzt gibt man die ganzen Zwiebeln hinzu und lässt das Ganze weitere 30 bis 40 Minuten schmoren. Die Garzeit richtet sich nach dem Alter des Tieres. Das Fleisch in Portionsstücke schneiden, die Soße mit etwas Mehl und Sahne binden und über das Fleisch gießen.

Dazu reicht man Salzkartoffeln, Rote Bete oder Zuckergurken. Natürlich darf zur besseren Verträglichkeit der echte ostfriesische Klare nicht fehlen.

Toffels, Flesk und Stipp

Kartoffeln, Fleisch und eine herzhafte Soße, dazu Rotkohl oder eingelegte Rote Bete, bildeten an Sonn- und Feiertagen den Hauptbestandteil des Mittagessens.

Frischer Schinken in Rotwein

Zutaten: 1 kleiner Schinken (4-5 kg) 1 l kräftiger Rotwein, ½ l Wasser, 3 Zwiebeln, 10 Pfefferkörner, 2 Lorbeerblätter

Den Rotwein und das Wasser mit den Zwiebeln, den Pfefferkörnern und den Lorbeerblättern aufkochen, abkühlen lassen und den Schinken 3 Tage in diese Marinade legen und kühl stellen. Den Schinken jeden Tag in der Marinade wenden.

Vor dem Braten wird die Schinkenschwarte in Vierecke eingeschnitten. Dann gibt man den Schinken mit der durchgesiebten Marinade in einen großen Topf und lässt ihn 2 Std. schmoren. Danach kommt der Schinken mit der Schwartenseite nach oben in die Fettpfanne des Backofens. Dort muss er bei 200 °C 2 bis 2 ½ Std. weiterschmoren. Zwischendurch fleißig begießen! Zum Schluss im abgeschalteten Ofen 15 Minuten auskühlen lassen. Die Soße kann gebunden und mit Sahne verfeinert werden.

Dazu reicht man Kartoffeln, geschmorte Zwiebeln (↑ Seite 87) und Sauerkraut (↑ Seite 84).

Schweinebraten

Zutaten: 1 ½ kg Schweinefleisch, 60 g Schmalz, 40 g Speck, 2 Zwiebeln, Senf, Salz, Pfeffer, Mehl, Sahne, 1 kl. Stückchen ostfries. Schwarzbrot

In einem Bratentopf das Schmalz erhitzen und den klein gewürfelten Speck darin auslassen. Die Speckwürfel entfernen, das Fleisch mit etwas Senf bestreichen, mit Salz und Pfeffer einreiben und in dem heißen Fett von allen Seiten scharf anbraten. Nun werden die klein geschnittenen Zwiebeln und ein kleines Stück Schwarzbrot dazugegeben und mit etwas Wasser abgelöscht. Während des Schmorens mehrmals begießen und evtl. etwas Wasser nachgeben. Die Garzeit beträgt etwa 1 ½ bis 2 Stunden. Die Soße mit Mehl binden und mit Sahne verfeinern.

Als Beilage serviert man im Sommer Erbsen, Möhren oder Blumenkohl, im Winter Rotkohl (↑ Seite 85).

Versuchen Sie einmal

Schweinebraten mit Kruste

Zutaten: 1 Schweinebraten (Kotelettstück ohne Knochen), Salz, Pfeffer
Für die Kruste: 250 g Zwiebeln, 30 g Butter, 4 Scheiben Schwarzbrot, 100 g geriebener alter Gauda, 2 Eigelb, 5 EL Sahne, 1 ½ EL Himbeersaft, Salz, Nelkenpfeffer

Das Fleisch salzen, pfeffern und von allen Seiten braun anbraten. Mit etwas Wasser ablöschen und unter regelmäßigem Begießen und Wenden in etwa 2 Std. gar schmoren.

In der Zwischenzeit die Masse für die Krusten vorbereiten.

Die klein geschnittenen Zwiebeln in Butter glasig dünsten, das Schwarzbrot durch eine Mühle drehen und mit dem geriebenen Käse, dem Eigelb und der Sahne zu den Zwiebeln geben. Alles gut miteinander verrühren. Mit Himbeersaft, Salz und Nelkenpfeffer pikant abschmecken.

Den Braten in die Fettpfanne des Backofens legen und mit der Masse bestreichen. Bei 225 °C etwa 20 Minuten überbacken. Den Bratensud mit etwas Mehl binden und mit Sahne verfeinern. Dazu isst man Kartoffeln und eingelegten Kürbis (↑ Seite 109).

Original Ostfriesischer Schinkenbraten

In Ostfriesland war es in fast allen Haushaltungen üblich, dass man selbst schlachtete. Das Fleisch wurde entweder gepökelt, eingekocht oder aber zum Trocknen in den »Speckschapp« oder auf den »Bön« gehängt.

Hier das Rezept für einen Braten aus getrocknetem Schinken!

Zutaten: 2 kg getrockneter Schinken, ⅛ l Wasser, 250 g Zwiebeln, 1 EL Johannisbeergelee, 2 EL Mehl, ⅛ l Sahne

Der Schinken wird mit Wasser aufgesetzt und langsam 2 bis 3 Std. gekocht. In der letzten halben Stunde kommen die Zwiebeln und das Johannisbeergelee dazu.

Das Mehl mit der Sahne anrühren und die Soße damit binden.

Evtl. noch mit etwas Pfeffer und Rotwein abschmecken.

Dazu aß man wie immer Salzkartoffeln, Rote Bete, Kürbis oder eingelegte Pflaumen (↑ Seite 110).

Rinderbraten

Rinderbraten wird auf die gleiche Weise zubereitet wie Schweinebraten (↑ Seite 35).

Pökelfleisch

Mit der wachsenden Vorliebe für deftige, alte Hausmannskost erscheint auch das Pökelfleisch, eine besondere Spezialität aus dem Raum um Leer, immer häufiger auf dem Speisezettel bekannter Speiselokale.

Pökelfleisch ist in Ostfriesland ein beliebtes Essen, besonders zu Weihnachten und Neujahr oder wenn viel Besuch ins Haus kommt.

Zutaten: 3 ½ kg Rindfleisch aus der Keule
Sud: 2 l Wasser, 250 g Salz, 30 g Zucker, 3 g Salpeter
Heute kann man das Fleisch auch beim Schlachter spritzen lassen.

Den Sud mit allen Zutaten aufkochen und anschließend abkühlen lassen. Nun das Fleisch in einen Steintopf legen, ein Holzbrett darüber geben und mit einem Stein beschweren. Das Fleisch muss in dem Sud mindestens 8 Tage, kann aber bis zu 4 Wochen darin liegen bleiben.

Das Fleisch wird in 4 l kochendes Wasser gegeben und muss darin etwa 2 ½ Std. langsam ziehen. Danach wird es in Scheiben geschnitten und auf eine vorgewärmte Platte gelegt.

Dazu reicht man Salzkartoffeln, Buttersoße (geschmolzene Butter), Sahnemerrettich, Rote Bete, Kürbis, Zuckergurken (↑ Seite 109), Rosenkohl und Butterbohnen (↑ Seite 86) und Rosinensoße (↑ Seite 100).

Außerdem stellt man in einigen Gegenden Ostfrieslands Senf mit auf den Tisch.

Der Rest der Brühe kann an einem anderen Tag gut für eine Kartoffelsuppe verwendet werden.

Gebratene Lammkeule

Zutaten: 1 Lammkeule von ca. 2 kg, Salz, Pfeffer, 2 EL Senf, 2 Zwiebeln, 5 EL Sahne, 1 EL Mehl, ¼ l Brühe

Das Fleisch vom Fett und von der Haut befreien, mit Salz und Pfeffer einreiben und mit Senf bestreichen. Das abgeschnittene Lammfett wird zerkleinert und in einem Bräter ausgelassen. Darin brät man die Keule von allen Seiten scharf an und löscht sie mit der Brühe ab. Bei 200 °C lässt man sie dann im Bratofen etwa 2 Std. schmoren. Zwischendurch muss man sie mit kaltem Wasser begießen, damit der Sud nicht anbrennt.

Ist die Keule gar, nimmt man sie heraus und stellt sie warm. Den Bratensud mit Mehl und Sahne binden und evtl. noch mit etwas Salz abschmecken.

Dazu isst man Salzkartoffeln und grüne Bohnen mit Petersilie (↑ Seite 84) oder Rotkohl (↑ Seite 85).

Hammelfleisch schmeckt auch sehr gut in einem Weißkohl- oder Bohneneintopf.

Lammfleisch wird in Ostfriesland nur in einigen Landschaften, besonders in der Nähe der Deiche und der Geest, gegessen. Am besten schmeckt das Fleisch von jungen Lämmern, die frisch von der Weide kommen und nicht aus dem Stall.

Hammelbraten

Zutaten: 1 Hammelkeule, 2 l Buttermilch, Salz, Nelkenpfeffer, 80 g Fett, 1 Glas Rotwein, 5 Zwiebeln, etwas Mehl, etwas Sahne

Die Hammelkeule zwei Tage in Buttermilch legen. Danach gründlich abtrocknen, mit Salz und Nelkenpfeffer einreiben und in heißem Fett von allen Seiten knusprig braun anbraten. Mit etwas Wasser und Rotwein auffüllen, die Zwiebeln dazugeben und etwa 2½ Std. gar schmoren. Während der Garzeit mehrmals begießen und evtl. Wasser nachgeben. Die Soße mit Salz, Mehl und Sahne binden.

Abwandlung: Die Keule in der letzten halben Stunde der Garzeit mit frischen, geschälten und entkernten Gurkenscheiben belegen und beim Servieren mit den geschmorten Gurken umlegen. Als Beilage: Salzkartoffeln und Bohnen.

»Lendbunk« – Eisbein gekocht

Zutaten: getrocknetes oder frisches Eisbein, Wasser, 2 Zwiebeln, etwas Pfeffer

Das Eisbein gründlich wässern, in kaltem Wasser aufsetzen und langsam 1½ Std. mit den Zwiebeln kochen lassen. Einen Teil der Brühe kann man zum Kochen des Sauerkrauts verwenden. Dazu Salzkartoffeln und Rote Bete, heute auch Sauerkraut und Zwiebelstipp (↑ Seite 100).

»Rull in Suur« – Saure Rolle vom Rind

Zutaten: 1½ kg grobes Rindergehacktes, 30 g Salz, 5 g Pfeffer, 2 g Nagelpfeffer

Das Rindergehackte mit den Gewürzen gut mischen und in einen Pansen einnähen. In reichlich Salzwasser etwa ¼ Std. langsam kochen lassen. Nun Buttermilch aufkochen, die Molke abnehmen und erkalten lassen. Die Rolle in einen Steintopf geben, mit der Molke übergießen, ein Brett darüber legen und mit einem Stein beschweren. Bis zum ersten Gebrauch muss sie mindestens 8 Tage darin liegen, ist aber bis zu 3 Wochen darin haltbar. Man schneidet die Rolle in fingerdicke Scheiben, wälzt sie in Mehl und brät sie in der Pfanne von beiden Seiten knusprig braun.

Dazu isst man Salzkartoffeln, Rotkohl und Zwiebelstipp (↑ Seite 100).

Notizen & weitere Rezepte:

Gefüllte Schweinsrippe. [illegible] Rippe mit Salz einreiben, dann füllen mit Apfelscheiben, halb gar gekochten Pflaumen, halb gar gekochten Kastanien. Zunähen und 2 Stunden braten schön braun. Etwas
von der Füllung allein kochen und noch dazu geben
Kalbsleber. in Stücke schneiden mit 2 Eßl. Rotwein
begießen. 1/2 Stunde ziehen. dann in Mehl um-
drehen, goldbraun braten. Soße. mit etwas Mehl
an die Sauce. Schön zu Makaroni
Kalbsnieren in Scheiben schneiden ebenso
Hammelnieren in Scheiben schneiden ebenso.
Gefüllte Kalbsbrust. 2 Eßlöffel Butter mit 2 Eidottern
schaumig rühren dazu geriebenes Weißbrot, Milch,
Salz, Citrone, oder etwas Muskatnuß und den Eier-
schnee. Es muß eine brei artige Masse sein.
Einfüllen und zunähen. Schön bräunlich braten 2-2 1/2 Stunde. Oder mit folgender Masse
Fleischfüllung: Gehacktes Kalbfleisch mit Ei, Milch
brot, Pfeffer, Salz, dazwischen legt man kleine
Essiggurken, so gelegt, daß sie beim Schneiden runde
Scheiben bilden. Die Masse muß dick flüssig sein
bei Geflügel Herz, Magen, Leber mit Kalbfleisch [illegible],
keine Essiggurken.

Notizen & weitere Rezepte:

Hausschlachten

Die eigene Zubereitung von Wurst ist heute bei vielen Hausfrauen wieder beliebt geworden.

Dagegen wird der Schinken fast ausschließlich von Schlachtern behandelt und dann getrocknet oder geräuchert.

In Ostfriesland wurde früher das Hausgeschlachtete hauptsächlich im Speckschrank, dem sogenannten »Speckschapp« oder auf dem Boden oder »Bön« luftgetrocknet und kaum geräuchert.

Erfreuen Sie Ihre Gäste doch einmal mit einem rustikalen

Bauernbüffet

bestehend aus:

Sienbohnensopp – (↑ Seite 144) luftgetrocknetem Schinken luftgetrockneten Mettwurstringen (↑ Seite 45) »Gedrögt Bönflesk« Leberwurst – (↑ Seite 45) Rotwurst – (↑ Seite 46) Schweinesülze – (↑ Seite 46)	Zur Begrüßung! Angerichtet auf karierten Tischdecken mit derben Holzbrettern
Stint süß-sauer – (↑ Seite 67) eingelegten Matjes (↑ Seite 70) Rote Bete, Zuckergurken, Salzgurken und Kürbis – (↑ Seite 109, 110)	Im Steintopf serviert!
ostfriesischem Schwarzbrot selbstgebackenem Stuten (↑ Seite 136) Butter	Auf Holzbrettern angeboten!

als Dessert:

ostfriesischer Tee mit Kandis und Sahne (↑ Seite 142)
Knetwaffeln (↑ Seite 126)
und natürlich darf zur besseren Verträglichkeit der Speisen gut gekühlter »ostfriesischer Landwein«, ein Klarer, nicht fehlen!

»Drögt Mettwurst« – getrocknete Mettwurst

Zutaten: 4 ½ kg Mett, 4 g Salpeter, 120 g Salz, 18 g Pfeffer

Das Mett mit den Gewürzen vermengen und einige Zeit stehen lassen, damit die Gewürze durchziehen können. Man füllt die Fleischmasse in saubere, dünne Därme und achtet darauf, dass keine Luft mit eingefüllt wird. Die Würste werden zum Trocknen in den »Speckschapp« oder auf den »Bön« gehängt und können nach einigen Wochen angeschnitten werden.

»Pümmelwurst«

Zutaten: 15 kg Mett, 500 g Salz, 60 g Pfeffer, 4 cl Kognak

Pümmelwurst wird auf die gleiche Weise zubereitet wie »Drögt Mettwurst«, sie wird nur stärker gewürzt. Früher nähte man aus Rüsselhaut Därme, heute nimmt man Kunstdarm, füllt die Masse hinein und achtet darauf, dass keine Luft hineinkommt. Aus diesem Grunde sticht man auch öfter mit einer Nadel hinein. Die Wurst wird dann getrocknet oder geräuchert.

Leberwurst

Zutaten: 2 kg gutes Fleisch vom Kopf, 750 g Leber, 500 g Schwarten, 100 g Salz, 6 g Pfeffer, 1 g Nagelpfeffer, etwas Brühe, heute: statt der Gewürze Leberwurstgewürz nach der Vorschrift auf der Packung

Das Fleisch, die Leber und die Schwarten kochen und dann zweimal durch die feine Scheibe des Fleischwolfs drehen. Die Masse mit den Gewürzen vermengen und so viel Brühe beigeben, dass ein geschmeidiger Brei entsteht.

Der Wurstbrei wird – jedoch nur ¾ voll – in Därme gefüllt und sehr fest zugebunden. Die Würste müssen etwa 1 Std. langsam in der Brühe kochen. Vorsicht, sie können leicht platzen! Während des Kochens sticht man ab und zu in die Würste, damit die darin befindliche Luft entweichen kann. Nach etwa 1 Std. kann man sie zum Trocknen an einen luftigen Ort hängen.

Rotwurst mit Zunge

Zutaten: 1 ½ kg fetter frischer Speck, 1 kg Schwarten, 1 ½ l eben erwärmtes Blut, 1 gekochte Zunge, 80 g Salz, 2 g Pfeffer, 2 g Nagelpfeffer, Brühe zum Abkochen
heute: Rotwurstgewürz nach Vorschrift auf der Packung

Den Speck in feine Würfel schneiden und die Schwarten durch die feine Scheibe des Fleischwolfes drehen. Die Gewürze dazugeben und alles gut vermischen. Jetzt gießt man durch ein Sieb so viel Blut dazu, dass die Masse gut angefeuchtet ist, und füllt sie dann in dicke Därme. In den Enddarm füllt man die weich gekochte Zunge. Die Därme dürfen nur ¾ gefüllt sein und müssen sehr fest zugebunden werden. Man kocht die Würste langsam, etwa 30 Minuten, legt sie anschließend in kaltes Wasser und dann zwischen nasse Tücher. Am folgenden Tag hängt man sie zum Trocknen auf.

Sülze

Zutaten: 1 kg Pfötchen, Ohren, 2 kg Schweinefleisch vom Nacken, 3 Lorbeerblätter, 750 g Zwiebeln, 3 EL Salz, 1 TL Pfeffer, 2 Msp. Zucker, 6 EL Essig

Das Fleisch mit den Lorbeerblättern, klein geschnittenen Zwiebeln und dem Salz in wenig Wasser gar kochen. Danach durchsieben, das Fleisch von den Knochen nehmen und klein schneiden. Dann in die Brühe zurückgeben, kräftig mit Pfeffer, Zucker und Essig abschmecken, in Gläser füllen und einwecken.

Pinkelwurst

Zutaten: 1 kg durchwachsener, frischer Speck, 500 g Zwiebeln, 2 kg Hafergrütze, 50 g Salz, 5 g Pfeffer

Den Speck und die Zwiebeln klein schneiden und mit der Hafergrütze und den Gewürzen vermengen. Nun füllt man alles in glatte, dicke Därme, jedoch nur ¾ voll, damit etwas zum Ausquellen der Grütze bleibt.

Die Wurst wird geräuchert und dann in Grünkohl gekocht. (↑ Seite 86).

Grützwurst

Zutaten: 500 g Restefleisch vom Kopf, 500 g Schwarten, 1 kg Innereien vom Schwein, 1 kg Graupen, 2 l Brühe, 70 g Salz, 5 g Pfeffer, 1 Prise Nelkenpfeffer
heute: Leberwurstgewürz nach Vorschrift auf der Packung

Das Fleisch, die Schwarten und die Innereien durch die mittlere Scheibe des Fleischwolfes drehen. Die Graupen müssen in Brühe kochen und recht dick ausquellen. Nun wird das Fleisch mit der Grütze und den Gewürzen vermengt und nochmals abgeschmeckt. Es wird in Tonschalen gefüllt und hält sich darin ca. 8 Tage. Man kann sie auch in kleinen Portionen einfrieren.

Die Grützwurst wird in Scheiben geschnitten und zusammen mit Blutwurst mit Griebenschmalz in der Pfanne gebraten und darin auch serviert. Dazu isst man ostfriesisches Schwarzbrot oder Bratkartoffeln.

Blutwurst zum Braten

Zutaten: 1 ¼ kg gekochte Schwarten, 500 g Grieben, 2 bis 3 l erwärmtes Blut, 750 g Roggenschrot, 60 g Salz, 2 g Pfeffer, 2 g Nagelpfeffer
heute: Rotwurstgewürz nach Vorschrift auf der Packung

Die Schwarten werden durch die mittlere Scheibe des Fleischwolfs gedreht und mit Grieben und dem erwärmten, frischen Blut vermengt. Dann gibt man das Schrot und die Gewürze dazu, füllt es in Därme, aber nur ¾ voll, bindet sie fest zu und kocht sie langsam etwa 40 Minuten. Die Blutwurst wird an der Luft getrocknet.

In Ostfriesland isst man sie gerne in Scheiben gebraten am Mittag oder am Abend zu Linsen- oder Erbsensuppe.

Mit Vorliebe brät man sie auch zusammen mit Grützwurst und isst sie am Abend zu Schwarzbrot und Sirup.

Notizen & weitere Rezepte:

Sülze

Das Fleisch was man gekocht zur Sülze verwendet ist am besten Kopf, schneidet das Fleisch in halbfingerlangen Stücken, die Schwarten und kleinen Reste dreht man durch, würzt mit Salz, Pfeffer, etwas Nelkenpfeffer, fein geschnittene, angeschmorte Zwiebeln etwas Brühe, daß die Masse nicht zu dick ist, dann macht man es in Schlußdarm oder Magen 3/4 voll da sonst leicht platzt. dann 1 Stunde langsam kochen lassen. Dann kommt die Sülze über Nacht unter einer Presse.

Notizen & weitere Rezepte:

Wild- und Geflügelgerichte

Einige Grundregeln zum Braten von Wild:

Seien Sie beim Braten des Wildes niemals geizig mit Fett. Wild ist sehr fettarm und trocknet bei der Zubereitung leicht aus.

Nehmen Sie zum Begießen des Bratens niemals Wasser. Möchten Sie den reinen Naturgeschmack des Wildes erhalten, so nehmen Sie die Brühe; wünschen Sie einen pikanteren Geschmack, so nehmen Sie Rotwein. Haben Sie die Brühe schon mit Rotwein zubereitet, so kann die Marinade zum Aufgießen genommen werden.

Die Garzeit richtet sich immer nach dem Alter des Tieres. Die Soße sollte man nur mit Sahne abbinden. Dadurch wird der Geschmack verfeinert.

Hasenrücken mit Speck

Zutaten: 2 Hasenrücken, 250 g getrockneter, durchwachsener Speck, 2 Zwiebeln, 2 Glas Rotwein, 2 Lorbeerblätter, ⅛ l saure Sahne, 2 EL Johannisbeergelee, Salz und Petersilie

Den Hasenrücken häuten, den Speck in Würfel schneiden und im offenen Bräter anbraten. Dann die klein geschnittenen Zwiebeln zufügen und den Hasenrücken darin anbraten. Den Rotwein zugießen, Lorbeerblätter dazugeben und das Fleisch im Backofen ca. 40 Minuten garen lassen. Anschließend den Hasenrücken warm stellen, die gehackte Petersilie und saure Sahne an den Bratenfond geben und mit Johannisbeergelee und Salz abschmecken.

Dazu aß man früher gerne Salzkartoffeln und Apfelmus, heute auch Kartoffelpüree und Sauerkraut.

Hasenkeule gespickt

Zutaten: 4 Hasenkeulen, 250 g ungeräucherter Speck, Salz, Pfeffer, 150 g Butter, 1 Lorbeerblatt, ⅛ l saure Sahne

Die Keulen mit einem feuchten Tuch abreiben und enthäuten. Beide Seiten mit Speck spicken und mit etwas Salz und Pfeffer einreiben. Den restlichen Speck und etwas Butter im Bräter auslassen und darin die Keulen scharf von beiden Seiten anbraten. Die restliche Butter erhitzen und über das Fleisch gießen. Häufig begießen, evtl. etwas Brühe zugeben, und ca. 1 ½ Std. langsam schmoren lassen.

In der letzten halben Stunde lässt man die Sahne mitschmoren, dadurch braucht die Soße nicht mehr gebunden zu werden. Dazu isst man Salzkartoffeln oder Kartoffelstampsel und Rotkohl oder Apfelmus (↑ Seite 85).

Hasenragout

mit Preiselbeeren und Birnen (eine moderne Art)

Zutaten: 1 kg Hasenklein (Vorderläufe etc.), ¼ l Rotwein, ¼ l Wasser, 1 Glas Branntwein, 4 Zwiebeln, 1 Bund Petersilie, 1 Möhre, 1 Stange Porree, ¼ l Knolle Sellerie, 6 Wacholderbeeren, 2 Knoblauchzehen, 100 g getrockneter, durchwachsener Speck, 5 EL Öl, 1 EL Mehl, 1 EL Tomatenmark, Salz, Pfeffer, ⅛ l saure Sahne

Das Hasenklein mit Rotwein, Wasser, Weinbrand, Gewürzen, klein geschnittenem Gemüse und Knoblauch 24 Std. marinieren lassen. Danach gut abtupfen (Küchenkrepp) und das Fleisch etwas mit Salz einreiben. Das Fleisch in Würfel schneiden und in das erhitzte Öl geben. Darin das Fleisch kräftig anbraten. Nach einigen Minuten mit der Marinade auffüllen und auch das Tomatenmark dazugeben. Das Ragout zugedeckt 1 ¼ Std. langsam schmoren lassen. Abschließend saure Sahne unterrühren und mit schwarzem Pfeffer und etwas Cayennepfeffer abschmecken.

Beilage: warme Birnen, gefüllt mit Preiselbeeren, Kartoffelpüree oder Kartoffelknödel.

Wildkaninchen

Zutaten: 1 Wildkaninchen, 125 g Fett (Schmalz oder Pflanzenfett), ¼ l Buttermilch, Salz, Pfeffer, 2 Nelken, 2 Lorbeerblätter, 5 Pfefferkörner, ⅛ l saure Sahne (lassen Sie einmal 5 getrocknete, eingeweichte Pflaumen mitschmoren!)

Das Kaninchen in Portionsstücke teilen und in eine tiefe Schüssel legen, die Gewürze dazugeben und mit frischer Buttermilch übergießen. Das Fleisch muss gut bedeckt sein und etwa 3 Tage kühl stehen. Danach wird es gut abgetrocknet, gesalzen und gepfeffert und in heißem Fett von allen Seiten gut angebraten. Man gibt nach und nach die durchgesiebte Buttermilchmarinade dazu und schmort das Fleisch in 30 bis 40 Minuten weich. Kurz vor dem Garwerden werden etwa 50 g zerlassene Butter darübergegeben.

Die Soße wird nun mit saurem Rahm und Pfeffer abgeschmeckt. Dazu isst man Salzkartoffeln, Rotkohl oder Apfelmus. (↑ Seite 85).

Wildente

Im Rheiderland in Ostfriesland befindet sich das größte Wasserjagdgebiet Westdeutschlands. Aus diesem Grunde versteht man sich dort besonders gut auf die Zubereitung des Wildentenbratens.

Hier die traditionelle Zubereitungsart:

Zutaten: 1 Wildente, Salz, Pfeffer, etwas Muskat, 1 Lorbeerblatt, 125 g Speckscheiben (ungeräuchert), 60 g Butter, ⅛ l saure Sahne

Die Ente wird innen und außen gesalzen. Innen noch mit etwas Muskat einreiben und mit Speck umwickeln. Die Butter erhitzen und die umwickelte Ente darin anbraten. Etwas Wasser, das Lorbeerblatt und die Sahne zugeben und weich schmoren. Zwischendurch mehrmals begießen. In den letzten 15 Minuten die Speckscheiben von der Ente entfernen, damit sie bräunen kann. Den Speck aber im Topf lassen und die restliche Sahne dazugeben. Wenn die Ente fertig ist (Garzeit etwa 45 Minuten je nach dem Alter des Tieres), die Soße durch ein Sieb geben und nochmals pikant abschmecken.

Dazu: »Lütje Tuffeis«, Rotkohl oder Apfelmus (↑ Seite 90), heute auch wohl Preiselbeeren.

Fasan auf traditionelle Art

Zutaten: 1 Fasan, 50 g Butter, 300 g ungeräucherter Speck, süße Sahne, Salz, 1 EL Johannisbeergelee
Abwandlung als Fülle: 2 Äpfel, 100 g Korinthen

Den Fasan mit wenig Salz einreiben und mit vielen dünnen Speckscheiben umwickeln. Den restlichen Speck würfeln, mit der Butter im Topf erhitzen und darin den Fasan von allen Seiten anbraten. Nun den geschlossenen Topf in den Backofen bei 200 °C geben. Den Fasan mehrmals wenden, jedoch niemals auf den Rücken legen, erst wenn er ganz weich ist. Beim Wenden darauf achten, dass der Speck nicht von der Brust rutscht, da diese sonst leicht trocken wird. Wenn nötig, zwischendurch mit etwas Fleischbrühe begießen. In den letzten 3 Minuten der Bratzeit die Speckscheiben entfernen und den Fasan nachbräunen lassen. Die Garzeit bei einer Henne beträgt etwa 45 Minuten, bei einem Hahn etwa 70 Minuten. Sie richtet sich außerdem nach dem Alter des Tieres. Die Soße wird mit Sahne, Johannisbeergelee und Salz abgeschmeckt und wegen des Specks durch ein Sieb gegeben. Möchten Sie den Fasan füllen, so behandeln Sie ihn wie oben, nur füllen Sie ihn mit geschälten und in Scheiben geschnittenen Äpfeln und gewaschenen Korinthen und nähen ihn dann zu.

Dazu: Kartoffelstampsel (↑ Seite 92) oder »Lütje Tuffeis« (↑ Seite 90) und Sauerkraut oder Apfelmus (↑ Seite 84).

Fasan auf moderne Art

Zutaten: 1 Fasan, Salz, Pfeffer, 60 g Butter, 60 g ungeräucherter Speck (gewürfelt), 1 kl. Dose Pfirsiche, 1 kl. Dose Reineclauden, 1 Dose Mandarinen, 100 g Walnüsse, 6 EL Pfirsichsaft, ⅛ l süße Sahne, 2 cl Weinbrand

Den Fasan salzen und pfeffern und in der gebräunten Butter und dem Speck anbraten. Mit Pfirsichsaft ablöschen und im geschlossenen Topf im Backofen gar schmoren. Die Garzeit beträgt je nach Alter des Tieres 40 bis 75 Minuten. Die Früchte werden im eigenen Saft erhitzt. Den Fasan in Portionsstücke teilen und in eine vorgewärmte Flambierpfanne legen. Das erwärmte Obst und die grob gehackten Walnüsse darum und darüber verteilen. Den Bratensud mit Salz und Sahne abrunden und ebenfalls darüber geben. Den Weinbrand erwärmen, anzünden und das Ganze damit flambieren.

Nicht mehr als 2 cl Alkohol nehmen, da sonst das Fleisch zäh wird.

Dazu schmeckt sehr gut ostfriesischer Kartoffelstampsel (↑ Seite 92).

Hier ein leckerer

Wildsalat

auf moderne Art

Zutaten: 500 g Wildfleisch (Hase oder Fasan), 2 Lorbeerblätter, 2 Zwiebeln, etwas Salz, 1 l Wasser, 1 gr. Dose Mandarinen, 1 kl. Dose Champignons in Scheiben, 3 EL Essig, 3 EL heiße Brühe, etwas Estragon, 2 EL gehackte Petersilie, Salz, Pfeffer, Chili, 50 g in Butter geröstete Mandeln
Für die Soße: 4 EL Mayonnaise, 6 EL süße Sahne, 3 EL Weißwein, 2 EL Preiselbeeren

Das Wildfleisch mit den Lorbeerblättern und den Zwiebeln in kochendem Salzwasser aufsetzen und etwa 45 Minuten langsam kochen lassen. Dann das Fleisch aus dem Sud nehmen, etwas abkühlen lassen, von den Knochen lösen und in Würfel schneiden. Dann mit den Mandarinen und den Champignons mischen. Aus Essig, Brühe, Estragon, Petersilie, Pfeffer, Salz und Chilipfeffer eine pikante Marinade bereiten und darüber geben. Etwa eine halbe Stunde im Kühlschrank durchziehen lassen. Aus Mayonnaise, Sahne, Wein und Preiselbeeren eine Soße rühren und unter den Salat heben. Zuletzt gibt man dic Mandeln dazu.

Der Salat wird auf Salatblättern angerichtet. Dazu schmeckt sehr gut Toast.

Der Wildsalat ist eine leckere Vorspeise oder kann auch als kleiner Imbiss am Abend gegeben werden.

Rebhuhn

Das Rebhuhn wird wie der Fasan zubereitet. Man brät es ebenfalls im Speckhemd, allerdings ist die Bratzeit kürzer. Sie sollten nur junge Tiere nehmen, die man an den gelben bis bräunlichen Füßen erkennt. Alte Tiere haben graue Füße. Man rechnet pro Person 1 Rebhuhn.

In Ostfriesland füllt man das Rebhuhn gern mit 2 säuerlichen Äpfeln.

Rehwild

Auf die Zubereitung von Rehwild gehe ich hier nicht näher ein, da es früher in Ostfriesland kaum geschossen wurde.

Geflügel

Geflügel wurde in Ostfriesland wenig zubereitet, mit Ausnahme von Hühnern und Hühnerfrikassee.

An Festtagen gab es gelegentlich auch wohl Enten-, Gänse- oder Putenbraten.

Hühnerfrikassee

Zutaten: 1 großes Huhn, 2 l Wasser, 2 Macisblüten, Salz,
Für die Farce: 100 g Butter, 40 g Mehl, ¼ l Brühe, Salz, Muskat, ⅛ l süße Sahne
Abwandlung: 1 EL Arrak

Das Fleisch des gekochten Huhnes in kleine Würfel schneiden. Die Butter zerlassen und das Mehl darin erhitzen, bis es hellgelb ist. Dann mit Brühe ablöschen, bis eine cremige Masse entstanden ist. Mit Salz, Muskat und Sahne abschmecken. Das Fleisch in die Soße geben.

Als Abwandlung kann man auch 1 EL Arrak als Geschmackszugabe darangeben.

Zu Hühnerfrikassee isst man in Ostfriesland Salzkartoffeln.

Probieren Sie doch einmal

Hühnerfrikassee mit Curry

Zutaten: 1 Huhn, 50 g Butter, 40 g Mehl, ⅛ l Brühe, Salz, Saft einer Zitrone, 2 TL Currypulver, ⅛ l saure Sahne, 1 kl. Dose Ananas in Stücken

Das Fleisch des Huhnes in Würfel schneiden. Aus Butter und Mehl eine helle Mehlschwitze bereiten und mit Brühe auffüllen und gut durchkochen lassen. Mit Salz, Zitrone und Curry abschmecken und Sahne dazugeben. Ananasstücke darin heiß werden lassen, ebenfalls das Hühnerfleisch.

Am besten schmeckt dazu körnig gekochter Reis.

Ente gebraten

Zutaten: 1 Ente, Salz, Pfeffer, 50 g Butter, kochendes Wasser oder Brühe
Zur Fülle: geviertelte Äpfel, Zwiebeln oder Kartoffeln

Die Ente salzen, pfeffern und in der braunen Butter von allen Seiten schön braun anbraten. Nun die Ente mit der Brustseite nach unten in den Bräter legen und mit einer Tasse kochendem Wasser oder Brühe übergießen und bei 175 bis 200 °C in den heißen Backofen schieben. Nach einer halben Stunde die Ente auf den Rücken legen und zwischendurch fleißig begießen. Nun noch etwa eine Stunde weiter schmoren lassen. Man kann nach Belieben die Ente mit geviertelten Äpfeln, Zwiebeln oder kleinen Kartoffeln füllen, dann zunähen und so behandeln wie vorher beschrieben.

Als Beilagen eignen sich am besten Schmorkartoffeln (↑ Seite 90), Rotkohl, Grünkohl (↑ Seite 84) oder Apfelmus.

Gans

Gans wird auf die gleiche Weise zubereitet wie die Ente. Die Garzeit beträgt etwa 3 Std.

Gebratener Puter

Zutaten: 1 Puter, Salz, 40 g Butter, 100 g Speck, 100 g Schmalz, Brühe

Abwandlung:
Fülle I: Geviertelte Äpfel und Rosinen
Fülle II: 2 Scheiben eingeweichtes und ausgedrücktes Weißbrot, 2 Eier, 50 g gehackte Mandeln, Herz, Magen, Leber (fein gehackt), 20 g zerlassene Butter, etwas Salz

Den Puter gut von innen und außen salzen und die Butter in den Leib geben. Die Brust und die Keulen fest mit Speck umwickeln. Das Schmalz im Bräter erhitzen und den Puter von allen Seiten darin anbraten, mit Brühe ablöschen und in den vorgewärmten Backofen (175 bis 200 °C) schieben. Zwischendurch fleißig begießen und gegebenenfalls noch Brühe nachgießen. Die Bratzeit für einen jungen Puter beträgt 3 ½ – 4 Std. Der Puter kann auch mit Äpfeln und Rosinen gefüllt werden.

Nehmen Sie Fülle II, so vermengen Sie ausgedrücktes und eingeweichtes Weißbrot mit verschlagenen Eiern, gehackten Mandeln, zerkleinertem Magen, Herz, Leber, zerlassener Butter und etwas Salz.

Die Fülle wird in den Puter gegeben und dieser anschließend zugenäht.

Fischgerichte und Gerichte von Schalentieren

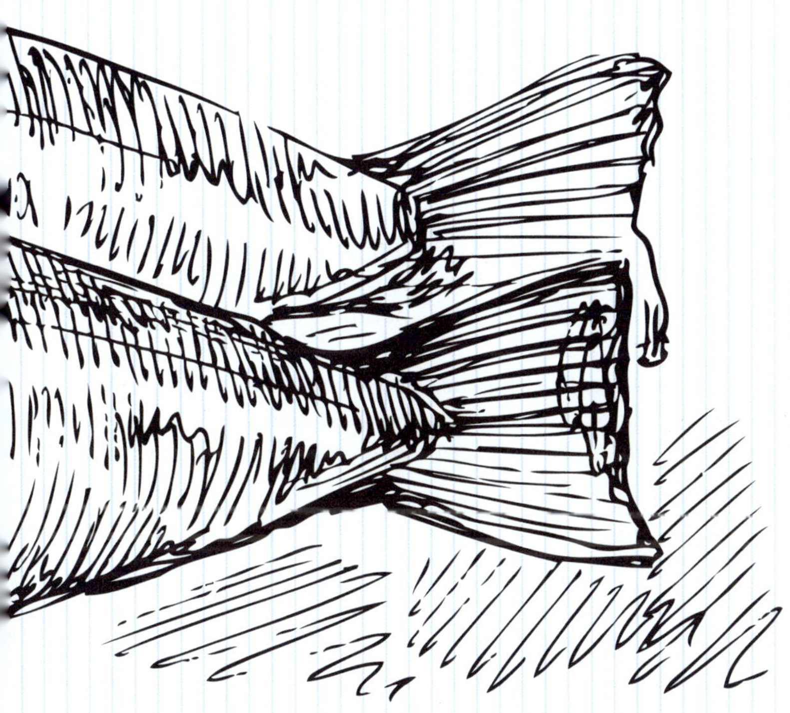

Durch die Nähe zur offenen See und die nicht unbedeutende Anzahl von fließenden und stehenden Gewässern ist der Fischfang in Ostfriesland schon sehr früh zu einer wichtigen Nahrungs- und Erwerbsquelle geworden.

Neben der Hochseefischerei wird von den vielen Sielhäfen entlang der Küste aus vor allem die Küstenfischerei betrieben. Die Binnenfischerei in den vielen Flüssen, Kanälen und Seen Ostfrieslands hat dagegen heute nur noch eine geringe Bedeutung.

Fischgerichte und Gerichte von Schalentieren findet man aus diesem Grunde vor allem in den vielen Küstenorten und auf den Inseln Ostfrieslands, während sie im Innern des Landes weniger gegessen werden. Dort bevorzugt man Gerichte, die aus den eigenen landwirtschaftlichen Erzeugnissen hergestellt werden konnten.

»Grön Aal« – Aal grün

Zutaten: 1 kg Aal, Salz, 60 g Butter, 80 g Mehl, ¾ l Wasser und saure Sahne gemischt, gehackter Dill

Der Aal wird gründlich gesäubert, die schleimige Haut außen mit Salz abgerieben und in Portionsstücke geschnitten. Nun wird aus der Butter und dem Mehl eine Mehlschwitze bereitet, die man mit Wasser und saurer Sahne ablöscht. Die Mehlschwitze wird mit Salz und gehacktem Dill abgeschmeckt. Man lässt sie durchkochen und gibt die Aalstücke hinein. Diese lässt man in der Soße etwa 20 bis 25 Minuten langsam gar kochen. Dazu gibt es Salzkartoffeln und grünen Salat (↑ Seite 104).

Aal blau

Zutaten: 1 kg Aal, ¼ l Essig, 1 ½ l Wasser, 3 EL Salz, 2 Lorbeerblätter, 2 Zwiebeln, 5 Pfefferkörner, 3 Nelken, 1 EL Butter, Petersilie

Der Aal wird mit Salz abgerieben und zum Blaukochen mit dem Essig, dem Wasser, den Gewürzen und der Butter in etwa 15 bis 20 Minuten langsam weich gekocht. Dann wird er mit gehackter Petersilie auf einer vorgewärmten Platte angerichtet. Dazu isst man Salzkartoffeln und Buttersoße (erwärmte Butter).

Aal gebraten

*Zutaten: 1 kg Aal, Salz, Pfeffer, 60 g Butter,
125 g ungeräucherter, durchwachsener Speck*

Den Aal in Stücke schneiden und mit wenig Salz und Pfeffer einreiben. Butter und fein gewürfelten Speck in der Pfanne auslassen und in dem heißen Fett den Aal schön goldgelb braten.

Dazu: Salzkartoffeln, Buttersoße (geschmolzene Butter) und grüner Salat (↑ Seite 104).

Heute säuert man den Fisch gern vor dem Braten mit Zitronensaft wegen des starken Fischgeruchs. Dadurch wird aber der richtige frische Fischgeschmack gemindert.

Hecht gedünstet

*Zutaten: 1 Hecht, ⅛ l Essig, ½ l Wasser, Salz, 125 g Butter,
1 kleines Lorbeerblatt, 1 Zwiebel*

Der Hecht wird geschuppt und gewaschen und dann im ganzen oder in Stücken gedünstet. Vor dem Dünsten wird der Fisch mit heißem Essigwasser übergossen. Die Butter lässt man in einem Topf zergehen und gibt dann den gesalzenen Hecht mit den Gewürzen hinein. Man lässt ihn bei nur schwacher Hitze etwa 20 Minuten dünsten. Die Garzeit richtet sich nach der Größe des Fisches. Der Fischsud kann sehr gut zur Soße verwendet werden. Den gedünsteten Hecht in Portionsstücken auf einer vorgewärmten Platte anrichten und mit Zitronenachteln (heute) und Petersilie verzieren.

Dazu reicht man Salzkartoffeln, bestreut mit Petersilie, und Buttersoße (geschmolzene Butter) oder Senfsoße (↑ Seite 100).

Hecht gebraten

Zutaten: 1 Hecht, Salz, Pfeffer, 80 g ungeräucherter, durchwachsener Speck, 100 g Butter

Der Hecht wird geschuppt und gründlich gereinigt. Danach reibt man ihn mit etwas Salz und Pfeffer ein. Ungeräucherter, durchwachsener Speck wird mit Butter in der Pfanne ausgelassen und der Fisch ganz oder in Stücken darin goldbraun gebraten. Die Bratzeit für den Hecht beträgt etwa 30 Minuten. Er wird auf einer vorgewärmten Platte angerichtet. Der Bratensud wird darüber verteilt.

Beilage wie bei Hecht gedünstet.

Scholle gebraten

Zutaten: 4 Schollen, Salz, 125 g ungeräucherter, getrockneter fetter Speck, Mehl

Die Schollen ausnehmen, an der weißen Seite schuppen und von der anderen Seite die Haut abziehen. Dabei fängt man beim Kopf an und zieht bis zum Schwanz. Kopf, Schwanz und Flossen werden mit einer Schere abgeschnitten. Die Schollen werden gründlich gewaschen und mit wenig Salz eingerieben. Getrocknete, ungeräucherte Speckscheiben werden in der Pfanne ausgelassen und in diesem sehr heißen Fett werden die in Mehl gewälzten Schollen gebraten. Den Speck nimmt man vor dem Braten aus der Pfanne.

Dazu reicht man Salzkartoffeln, Buttersoße (geschmolzene Butter) und grünen Salat (↑ Seite 104).

Scholle im eigenen Saft

Dieses Gericht war früher sehr beliebt und wird auch heute noch besonders in den Sielorten entlang der ostfriesischen Küste gerne gegessen.

Zutaten: 8 Schollen und Salz

Die Schollen wie im vorhergehenden Rezept vorbereiten. Die Fische werden gesalzen und nebeneinander in einem Kochtopf geschichtet, und zwar so, dass das Oberteil der Scholle nach unten und das Schwanzende nach oben in den Topf kommt. Die gesalzenen Schollen ziehen sehr viel Wasser. Aus diesem Grunde braucht kein Wasser zugesetzt werden, sondern sie garen im eigenen Saft. Die Garzeit beträgt je nach Größe der Fische etwa 10–20 Minuten.

Der Fischsud kann für die Senfsoße verwendet werden.

Dazu isst man Salzkartoffeln, Rote Bete (↑ Seite 110) und Senfsoße (↑ Seite 100).

Fischfrikadellen

(Resteverwertung)

Zutaten: 500 g Schollen (Rest vom Mittag), 1 Brötchen, 1 Zwiebel, 1 Ei, Salz, Pfeffer, Fett zum Braten

Die kalten, gekochten oder gebratenen Schollen mit den Gräten durch die feine Scheibe des Fleischwolfs drehen. Ein Brötchen einweichen und ausdrücken, die Zwiebel klein schneiden, das Ei verschlagen und alles mit dem Fischhack vermengen und pikant mit Salz und Pfeffer abschmecken.

Man formt Frikadellen und brät sie in heißem Fett von allen Seiten recht kroß an.

Mit Bratkartoffeln (↑ Seite 90) und Kürbis (↑ Seite 109) ein herzhaftes Abendbrot!

Klippfisch

An der Küste Ostfrieslands werden noch hier und da Schollen getrocknet. Die Schollen werden gesäubert und gesalzen, auf einen Faden gefädelt und an der Nordseite des Hauses in den frischen Seewind gehängt.

Der getrocknete Fisch wird gewässert, und zwar einige Stunden, und dann mit wenig kaltem Wasser aufgesetzt. Er darf darin nicht kochen, sondern nur ziehen, etwa 1 Std. Danach bestreut man ihn mit Petersilie und reicht dazu Salzkartoffeln und geschmolzene Butter.

Seezunge gebraten

Seezunge wird auf die gleiche Weise wie Scholle gebraten, nur darf das Speckfett nicht ganz so heiß sein.

Schellfisch, Kabeljau und Steinbutt

gekocht

Zutaten: 1 kg Fisch, 2 l Wasser, je ein Schuss Essig und Weißwein, 1 TL Salz, 1 Lorbeerblatt, 1 Zwiebel, 5 Pfefferkörner, 1 Prise Zucker

Das Wasser wird mit den Gewürzen zum Kochen gebracht. In der Zwischenzeit wird der Fisch ausgenommen, geschuppt und gründlich gewaschen. Dann gibt man ihn ganz oder in Portionsstücken in das kochende Wasser. Der Fisch darf darin nicht kochen, sondern nur ziehen. Die Garzeit beträgt etwa 15–20 Minuten. Wenn das Fleisch sich von den Knochen löst, ist der Fisch gar.

Der Fisch wird auf einer vorgewärmten Schüssel angerichtet. Dazu gab es früher Salzkartoffeln, Buttersoße (geschmolzene Butter) oder Zwiebelsoße (↑ Seite 100), heute hauptsächlich grünen Salat (↑ Seite 104).

Panne Fis – Fischomelett

(Resteverwertung)

Zutaten: 500 g Fisch gekocht (Rest), 500 g gekochte Kartoffeln (Rest), 150 g getrockneter, geräucherter Speck, 1 kl. Tasse Milch, Salz

Der Speck wird in Würfel geschnitten und in der Pfanne ausgelassen. In den ausgelassenen Speck gibt man die in Scheiben geschnittenen Kartoffeln und den grob zerpflückten Fisch, streut wenig Salz darüber und lässt es kurz durchschmoren. Nun gießt man eine kleine Tasse Milch darüber und lässt das Ganze auf kleiner Flamme zum Stocken kommen. Aus diesem Grunde sagt man auch Panne Fis.

Schellfisch und Kabeljau gebraten

Zutaten: 1 kg Fisch, Salz, 125 g getrockneter, ungeräucherter und durchwachsener Speck, 30 g Butter

Der Fisch wird ebenso wie beim Schellfisch gekocht vorbereitet, nur gründlich getrocknet und mit wenig Salz eingerieben. Dann wird er in Scheiben geschnitten. Der Speck wird gewürfelt und mit der Butter in der Pfanne ausgelassen. Darin brät man nun den Fisch schön goldgelb aus, gibt einen Deckel auf die Pfanne und lässt ihn bei ausgeschalteter Platte noch 5 Minuten ziehen. Danach gibt man ihn auf eine vorgewärmte Platte und gießt das Speckfett darüber.

Dazu isst man Salzkartoffeln, Senfsoße (↑ Seite 100), Rote Bete (↑ Seite 110) oder grünen Salat (↑ Seite 104).

Steinbutt gebraten

Steinbutt wird auf die gleiche Weise zubereitet wie Kabeljau und Schellfisch, er wird nur vor dem Braten in ein wenig Mehl gewälzt.

Stint gebraten

Zutaten: 1 kg Stint, Salz, 150 g getrockneter, ungeräucherter Speck, 40 g Butter, Mehl

Der Stint wird zunächst geschuppt; dann zieht man die Eingeweide mit dem Kopf heraus, wäscht ihn gründlich und trocknet ihn ab. Er wird mit wenig Salz eingerieben. Der Speck muss gewürfelt und mit der Butter in der Pfanne ausgelassen werden. Der Stint wird in Mehl gewälzt und dicht nebeneinander in die Pfanne gelegt. Dieser Fisch klebt sehr schnell in der Pfanne zusammen, deshalb kann er wie Pfannkuchen umgedreht werden. Er muss mit viel Fett gebraten werden, da er sehr trocken ist.

Stint in sauer

Der gebratene Stint wird in die gleiche Marinade gelegt wie bei »Muscheln in sauer« (↑ Seite 70).

Auch hierzu isst man Bratkartoffeln.

Gebratene grüne Heringe

Zutaten: 1 kg grüne Heringe, Salz, Pfeffer, Mehl, 100 g Butter zum Braten

Die grünen Heringe werden geschuppt, ausgenommen und gründlich gewaschen. Anschließend entfernt man den Kopf und den Schwanz. Nun werden die Heringe mit einem Tuch abgetrocknet und mit wenig Salz und Pfeffer eingerieben. Man wälzt sie in Mehl und brät sie in der braunen Butter von allen Seiten goldbraun.

Dazu Salzkartoffeln, Rote Bete (↑ Seite 110) und Zwiebelstipp (↑ Seite 100).

Grüne Heringe in sauer

Zutaten: 4 grüne Heringe, ¼ l Essig, 1 Lorbeerblatt, 6 Pfefferkörner, 1 Prise Zucker, 3 Zwiebeln

Die gebratenen grünen Heringe werden mit Essig übergossen und mit den Gewürzen bestreut. Die Zwiebeln werden in Ringe geschnitten und darüber gelegt.

Ein vorzügliches Abendessen mit Bratkartoffeln (↑ Seite 90).

Makrelen gebraten

Makrelen werden auf die gleiche Weise gebraten wie grüne Heringe.

Makrelen in sauer

werden wie grüne Heringe in sauer zubereitet.

Eingekochte Makrelen in sauer

Zutaten: Makrelen, Pfefferkörner, Lorbeerblatt, Zwiebeln, unverdünnter Essig, etwas Salz

Die frischen Makrelen werden gesäubert und ausgenommen, in 3 Teile geteilt und in ein Einkochglas geschichtet. Das Schwanzstück kommt in die Mitte. Darüber gibt man die Pfefferkörner, das Lorbeerblatt und die Zwiebelringe und füllt mit unverdünntem Essig auf. Die Makrelen müssen mit dem Essig bedeckt sein. Man kocht sie in 20 Minuten bei 80 °C zu.

Besonders als Abendbrot zu Brat- oder Schmorkartoffeln (↑ Seite 90) geeignet.

Eingelegte Salzheringe

Zutaten: 10 Salzheringe, 1–2 TL Zucker, 3 Zwiebeln, 6 Pfefferkörner, 3 Lorbeerblätter, 6 Senfkörner, ½ l Essig, ½ l Wasser

Die Salzheringe werden 24 Std. gewässert und dann ausgenommen. Man entfernt die innere schwarze Haut, die Augen und die Gräten. Die Heringe werden nun noch mehrmals gewaschen, bevor man sie in einen Steintopf legt. Am besten macht man es so, dass man immer im Wechsel die Heringe und die Gewürze und die Zwiebelringe schichtet. Der Essig und das Wasser werden aufgekocht und abgekühlt über die Heringe gegeben.

Eingelegte Heringe isst man gern am Abend zu Bratkartoffeln (↑ Seite 90) oder zu Erbsen- oder Bohnensuppe (↑ Seite 77).

Probieren Sie einmal diesen für Ostfriesland nicht typischen

Matjessalat

Zutaten: 5 Matjesfilets, 1 kg grüne Bohnen (gekocht), 100 g Mayonnaise, ⅛ l Sahne, Saft einer Zitrone, gehackte Petersilie, etwas Salz und Zucker

Die Matjesfilets werden gehäutet, entgrätet und in kleine Würfel geschnitten. Man verrührt die Mayonnaise mit der Sahne, dem Zitronensaft, viel gehackter Petersilie, etwas Salz und Zucker und vermengt alle Zutaten miteinander. Der Salat muss gut gekühlt serviert werden.

Matjesheringe

mit Pellkartoffeln und grünen Bohnen

Zutaten: 5 Matjes, ½ l saure Sahne, Petersilie, Schnittlauch, etwas Salz und Zucker, 5 Zwiebeln

Die Matjesheringe werden gereinigt, entgrätet und in Stücke geschnitten. Sie brauchen nicht gewässert werden, da sie kaum gesalzen sind. Damit das Fleisch der Heringe schön fest wird, legt man sie etwa 30 Minuten in Wasser. Nun verrührt man die saure Sahne mit gehackter Petersilie, Schnittlauch und etwas Salz und Zucker und gibt es über die Matjesfilets. Die Zwiebeln werden in feine Ringe geschnitten und darüber gegeben. Heute nimmt man statt saurer Sahne auch wohl Joghurt. Dazu isst man Pellkartoffeln und grüne Bohnen mit Speck (↑ Seite 84).

Muschelragout

ein beliebtes Essen in den Sielorten

Zutaten: 1 ½ kg Muscheln, ¼ l Wein, 2 Zwiebeln,
2 Lorbeerblätter, 5 Pfefferkörner, 1 l Wasser, Salz
Für die Ragoutsoße: 40 g Butter, 30 g Mehl, ⅛ l Muschelsud,
5 EL süße Sahne, Salz, Pfeffer, Petersilie

Die Muscheln werden gründlich in Wasser gebürstet. Das Wasser wird mit dem Wein und den Gewürzen zum Kochen gebracht. Dann gibt man die Muscheln hinein und lässt sie im geschlossenen Topf etwa 20 Minuten ziehen. Die Muscheln sind gar, wenn sie sich öffnen. Nun den Sud abgießen, jedoch für die Soße aufheben. Die Muscheln schälen, den Bart entfernen und nochmals in warmem Wasser waschen, damit kein Sand zurückbleibt. Man bereitet nun aus Butter und Mehl eine Schwitze und löscht sie mit dem Muschelsud ab. Mit Salz und Pfeffer abschmecken! Die Muscheln in die Soße geben und kurz durchkochen lassen. Mit gehackter Petersilie bestreuen. Dazu isst man Salzkartoffeln.

Muscheln in sauer

Zutaten: 1 kg Muscheln, ¾ l Wasser, ⅛ l Wein, Salz
Für die Marinade: ⅛ l Essig, 1 Lorbeerblatt, 1 Msp. Zucker, 1 Msp. Salz, 6 Pfefferkörner, 3 Zwiebeln

Die Muscheln werden wie im vorigen Rezept gekocht, geschält und vom Bart befreit.

Man verrührt die Gewürze mit dem Essig und gibt es über die Muscheln. Die Zwiebeln werden in Ringe geschnitten und darüber gegeben.

Dazu schmecken ausgezeichnet Bratkartoffeln (↑ Seite 90).

Hier ein moderner

Muschelsalat

Zutaten: 2 Gläser marinierte Muscheln, 2 EL Tomatenketchup, 5 EL Mayonnaise, 2 EL Sahne, Saft einer halben Zitrone, 1 Spritzer Worcestersoße, etwas Salz, etwas Cayennepfeffer, Dill

Die Muscheln abtropfen lassen und aus den restlichen Zutaten eine Soße herstellen. Die Muscheln vorsichtig unterheben. Gut gekühlt auf Salatblättern zu Toast reichen!

Krabbenbrot mit Ei

Zutaten: Krabben (Granat), ostfriesisches Schwarzbrot, Butter
Für das Rührei: 2 Eier, 4 EL Milch, etwas Salz, 30 g Butter

Für das Krabbenbrot wird ostfriesisches Schwarzbrot dick mit Butter bestrichen. Man häuft Granat zu einem Berg auf die Schnitte und gibt daneben lockeres Rührei. Als Verzierung nimmt man heute ein Zitronenachtel und ein Sträußchen Petersilie.

Für die Zubereitung des Rühreis nimmt man 2 Eier und verquirlt sie mit Milch und Salz. Man lässt die Butter in der Pfanne zergehen, gibt die verschlagenen Eier dazu und rührt so lange um, bis sie stocken.

Probieren Sie einmal

Granatsoße

Zutaten: 150 g Granat, 100 g Mayonnaise, ⅛ l süße Sahne, etwas Salz, einige Spritzer Tabascosoße, etwas Worcestersoße, frisch gehackter Dill

Die Mayonnaise mit der Sahne und den Gewürzen verrühren und den Granat unterheben.

Schmeckt vorzüglich als Vorspeise über kaltem Spargel!

Notizen & weitere Rezepte:

Omelette von Fisch. Fisch in Butter gar schmoren. Dann erkaltet sorgfältig von Gräten befreien u. in Stücke teilen, welche man in eine gebutterte Auflaufform legt. Darauf giebt man einen Omeletteteig von 1/2 Ltr Milch, 4–5 Eier, 2 Eßlöffel Mehl etwas Salz und Pfeffer. Giebt diese Masse auf den Fisch bestreut dick mit Semmelbrösel und backt mögl. 1/2 Stunde im Backofen.

Salat von Fisch. Fisch in kräft. Salzwasser mit Suppenkraut gar kochen. Erkaltet zerteilen (sehr mit Gräten aufpassen). Eine Sauce von 1/4 Ltr Fischbrühe mit 1 Teelöffel Weizenmehl aufkochen erkaltet 4 Eßl. Salatöl, Salz 2 Eßl. Zitronensaft, Senf und f. gehackt. Kräuter. Dann mit d. Fisch mischen.

Eintopf-Gemüsegerichte

Der Gartenbau wurde in Ostfriesland genauso eifrig betrieben wie der Ackerbau. Neben allen Kohlsorten wurden vor allem Erbsen, Möhren, alle Rübsorten und Kartoffeln angebaut. Weißkohl, Rotkohl und Wirsing werden in dem feuchten Klima Ostfrieslands mit reichem Ertrag geerntet. Man kaufte früher den Kohl im Herbst zentnerweise und lagerte ihn im Keller.

»Kohl mit Speck« ist das Leibgericht eines jeden Ostfriesen. Gemüse wird in Ostfriesland fast ausschließlich mit getrocknetem, ungeräuchertem Speck oder mit Schinken gekocht.

Kartoffelsuppe

Zutaten: 1 kg Kartoffeln, 1 ½ l Wasser, Schinkenschwarten oder Schinkenreste, 3 Zwiebeln, 2 Möhren, 2 Stangen Porree, etwas Salz, Petersilie

Die Kartoffeln werden mit Wasser, Schinkenresten und Gemüse etwa ¾ Std. weich gekocht und dann durchpassiert. Mit wenig Salz abschmecken und mit gehackter Petersilie bestreuen. Man kann getrennt zur Suppe geröstete Brotwürfel reichen. Auch hier als Nachtisch »Riesbree« (↑ Seite 22!).

Graupensuppe

Zutaten: 250 g Graupen, 2 l Wasser, 750 g Schweinerippchen, 2 Stangen Porree, 2 Möhren, 500 g Kartoffeln, Salz, Pfeffer, Petersilie heute: etwas Suppenwürze

Die Graupen werden gewaschen und etwa 6 Std. eingeweicht. Anschließend werden sie mit dem Einweichwasser und dem Wasser zum Kochen gebracht. Wenn die Suppe kocht, gibt man die Rippchen, Porree und Möhren dazu und lässt es langsam etwa 2 Std. kochen. Eine halbe Stunde vor dem Anrichten gibt man die in Würfel geschnittenen Kartoffeln und Salz dazu. Sollte die Suppe zu steif sein, gießt man noch etwas Wasser dazu. Mit Suppenwürze und Salz abschmecken und mit dem klein geschnittenen Fleisch und gehackter Petersilie servieren.

Als Nachtisch reicht man Görtmelkbree (↑ Seite 22).

Reissuppe

Reissuppe wird in Ostfriesland auf die gleiche Weise zubereitet wie Graupensuppe.

»Plumengört« – Graupen mit Pflaumen

Zutaten: 500 g Schinken, 300 g Graupen, ½ l Wasser, 300 g getrocknete und eingeweichte Pflaumen, etwas Sirup, etwas Salz

Der Schinken und die Graupen werden zusammen gekocht. Nach einer Stunde gibt man die Pflaumen und etwas Sirup dazu. Die Garzeit beträgt etwa 2 ½ Std. Vor dem Auftragen evtl. noch mit etwas Salz abschmecken.

Der Schinken wird kalt zu ostfriesischem Schwarzbrot gegessen. Nach der Ernte oder dem Dreschen gab es abends Plumengört.

Bunte ostfriesische Bohnensuppe

Zutaten: 250 g getrocknete ostfriesische Bohnen, 2 l Wasser, 500 g Suppenknochen, 200 g getrockneter, fetter Speck, 2 Möhren, 2 Stangen Porree, Salz, 500 g Mettwurst, 750 g Kartoffeln, 2 Zwiebeln, Petersilie
heute: auch etwas Suppenwürze

Die Bohnen werden eine Nacht eingeweicht und am anderen Tag mit dem Einweichwasser, den Knochen, dem Speck, den Möhren, dem Porree und Salz langsam gar gekocht. Die Garzeit beträgt etwa 2 bis 2 ½ Std. In der letzten halben Stunde gibt man die Mettwurst und die in Würfel geschnittenen Kartoffeln dazu und ebenfalls die in Fett gedünsteten Zwiebeln. Man schmeckt die Suppe mit Salz und Suppenwürze ab. Die Mettwurst wird in Stücke geschnitten und in die Suppe zurückgegeben. Die gehackte Petersilie streut man darüber.

Den mitgekochten Speck schneidet man in Scheiben und isst ihn mit ostfriesischem Schwarzbrot und Senf zur Suppe oder als Nachtisch.

»Grauartsopp« – graue Erbsensuppe

Graue Erbsensuppe wird auf die gleiche Weise zubereitet wie Bohnensuppe (↑ Seite 77), nur darf man dazu keinen Essig servieren.

Als Nachtisch isst man in Ostfriesland zur Artsopp gerne einen Pudding oder, wenn es sich um ein Resteessen handelt, »Mehlpütt« (↑ Seite 95) mit Zucker, Zimt und zerlassener Butter.

Steckrübeneintopf

Zutaten: 500 g Schweinerippchen, ¾ l Wasser, Salz, etwas Muskat, 1 kg Steckrüben, 750 g Kartoffeln, 5 EL Sahne oder Milch

Die Rippchen werden mit kochendem Wasser aufgesetzt und eine Std. langsam gekocht. Danach werden die Gewürze und die würflich geschnittenen Steckrüben dazugegeben, und man lässt es noch eine Stunde weiterkochen. Zur gleichen Zeit werden die Kartoffeln getrennt dazu gekocht. Wenn sie gar sind, gießt man sie ab und gibt sie zum Gemüse, stampft alles gut durch und gibt die Sahne darüber.

Das Fleisch wird im Eintopf serviert.

»Wuddels doerstampt« – Möhreneintopf

Möhreneintopf wird wie Steckrübeneintopf zubereitet. Man kann statt Schweinerippchen auch Rindfleisch (evtl. Hohe Rippe mit Markknochen) nehmen.

»Buskool« – Eintopf

Zutaten: 750 g Schweinerippchen oder Bauchspeck, ¼ l Wasser, 1 kg Weißkohl oder Wirsing, 750 g Kartoffeln, Salz, Pfeffer

Die Rippchen oder der Bauchspeck werden mit Wasser langsam zum Kochen gebracht. In der Zwischenzeit wird der Weißkohl oder Wirsing gereinigt und geschnitten. Nach einer halben Stunde gibt man den Kohl und die Kartoffeln dazu und lässt es noch langsam ca. 1 Std. kochen.

Der Eintopf wird mit Salz und Pfeffer abgeschmeckt und durchgestampft. Das Fleisch wird in Portionsstücken im Eintopf serviert.

»Insett Buskool« – Eintopf

Zutaten: 750 g getrocknete »Hacke«-Eisbein, ½ l Wasser, 500 g Sauerkraut, Pfeffer, etwas Kümmel, 750 g Kartoffeln, evtl. etwas Salz

Die Hacke wird mit Wasser, jedoch ohne Salz, aufgesetzt und langsam 1 Std. gekocht. Dann gibt man das Sauerkraut, etwas Pfeffer und Kümmel und die gewürfelten Kartoffeln dazu und lässt es weitere 60 Minuten langsam kochen.

Nun wird es durchgestampft serviert.

Sollten Sie »Insett Buskool« aus dem Fass verwenden (↑ Seite 108), so müssen Sie ihn vorher ganz leicht abspülen und ausdrücken.

Weit über die Grenzen Ostfrieslands hinaus ist folgendes Gericht bekannt und beliebt:

»Insett Bohnen« (Schnippelbohnen) – Eintopf

Zutaten: 1 kg gesalzene Insett Bohnen, ½ l Wasser, 500 g luftgetrockneter Wangenspeck, 2 Mettwürstchen, 750 g Kartoffeln, etwas Pfeffer

Die gesalzenen Insett Bohnen werden gründlich gewaschen, falls nötig auch gewässert, und dann in kochendem Wasser abgekocht (ca. 10 Minuten). Den Wangenspeck lässt man mit dem Wasser 1 Std. langsam vorkochen und gibt dann die abgekochten und abgegossenen Insett Bohnen und die Mettwurst dazu. Darauf lässt man es nochmals eine Stunde langsam kochen. In den letzten 20 Minuten gibt man die gewürfelten Kartoffeln und etwas Pfeffer dazu. Salz benötigt man nicht, da die Bohnen und der Speck bereits gesalzen sind. Wenn alles gar ist, wird auch dieser Eintopf durchgestampft. Je nach Geschmack nimmt man etwas Milch oder Sahne dazu, dadurch wird der strenge Geschmack der Bohnen etwas gemildert.

»Insett Bohnen« nimmt man aus dem »Püllpott« (↑ Seite 83) oder kauft sie als Salzschnippelbohnen in Vakuumverpackung im einschlägigen Geschäft.

»Updrögt Bohnen« – Eintopf

Ein ostfriesisches Nationalgericht, reihen Kenner der friesischen Küche auch heute noch in die Kette der schönsten Delikatessen ein.

Zutaten: 500 g Bohnen, ½ – ¾ l Wasser, 750 g getrockneter, durchwachsener Speck, 500 g Kartoffeln, 2 Mettwürstchen, Salz, etwas Pfeffer

Reife, weichschalige Bohnen werden von den Fäden befreit und auf ein sogenanntes »Bohntjeband«, einen dünnen Faden, gereiht. Zum Trocknen hängt man sie dann auf den Boden oder in die Küche. Wenn die Bohnen nach mehreren Wochen trocken sind, gibt man sie zur Aufbewahrung in Leinenbeutel.

Die Bohnen werden sehr gründlich gewaschen und mit einer Haushaltsschere in 2 cm lange Stücke geschnitten. Dann weicht man sie eine Nacht lang ein. Am folgenden Tag werden die Bohnen in frischem Wasser etwa 20 Minuten gekocht. Nun gibt man sie auf einen Durchschlag und spült sie nochmals ab. Der Speck wird mit dem Wasser und den Bohnen aufgesetzt und muss 2 Stunden langsam kochen. In der letzten halben Stunde werden die Kartoffeln und die Mettwurst mitgekocht. Wenn alles gar ist, wird auch dieses Gericht durchgestampft und mit etwas Salz und Pfeffer abgeschmeckt.

Zu diesem Gericht stellt man Essig auf den Tisch.

»Grön Hein« – Bohnen mit Birnen und Speck

Zutaten: 500 g getrockneter, durchwachsener Speck, ½ l Wasser, 1 kg grüne Brechbohnen, 500 g kleine Kochbirnen, 2 EL Mehl, Salz, Pfeffer, Petersilie

Den Speck mit Wasser etwa 20 Minuten kochen lassen. Die Bohnen entfädeln, waschen, in Stücke brechen und zu dem Speck geben. Dann weitere 15 Minuten kochen lassen. Nun die gewaschenen und ungeschälten Birnen mit Stiel, jedoch ohne Blütenansatz auf die Bohnen legen und nochmals 20 Minuten langsam kochen lassen. Den Speck herausnehmen und in Scheiben schneiden. Die Bohnen nach Belieben mit Mehl binden und mit Salz und Pfeffer abschmecken und mit gehackter Petersilie bestreuen.

Die Birnen, die Bohnen und der Speck werden zusammen auf einer vorgewärmten Schüssel angerichtet. Man kann dazu Salzkartoffeln reichen.

»Fluetsopp«

(Suppe aus Updrögt Bohnen)

Zutaten: 500 g Bohnen, 2 l Wasser, 500 g luftgetrockneter, durchwachsener Speck, 500 g Kartoffeln, 2 Mettenden, Salz und etwas Pfeffer

Fluetsopp wird wie »Updrögt Bohnen-Eintopf« zubereitet. Der Unterschied besteht nur darin, dass die Suppe nicht durchgestampft wird.

Labskaus

Labskaus ist das Lieblingsgericht der Seeleute an Bord, wird aber auch an Land von den Fischern Ostfrieslands gerne gegessen.

Zutaten: 1 kg Pökelfleisch vom Rind, 2 l Wasser, 4 Zwiebeln, 2 kg Kartoffeln, wenig Salz und Pfeffer
Abwandlung: 2 Salzheringe, 250 g eingelegte Rote Bete, durchgedreht

Das Fleisch wird in kochendes Wasser gegeben und muss darin etwa 1 ½ Std. langsam ziehen. Danach wird es mit den rohen Zwiebeln durch die grobe Scheibe des Fleischwolfes gedreht. Die Kartoffeln werden getrennt gekocht und anschließend gestampft. Nun mischt man Brühe, Fleisch und die gestampften Kartoffeln und lässt alles noch einmal sämig einkochen. Man schmeckt es mit wenig Salz und Pfeffer ab. Als Abwandlung können Salzheringe und Rote Bete mit in die Masse gegeben werden.

Auf einer vorgewärmten Platte wird es bergartig angerichtet. Dazu isst man Rote Bete, Gewürzgurken (↑ Seite 109) und eingelegte Heringe.

»Speckfetten-Grau-Arten«

(Graue Erbsen mit Speck)

»Speckfetten-Grau-Arten« ist ein schweres, jedoch sehr leckeres Gericht. Aus diesem Grunde wird es fast nur zur Winterzeit gegessen. Graue Erbsen kann man in Ostfriesland kaufen, deshalb lassen sich viele Feinschmecker diese Erbsen mitbringen oder schicken.

Zutaten: 250 g graue Erbsen, ½ l Wasser, 2 Stangen Porree, 2 Möhren, Salz, 250 g durchwachsener, getrockneter Speck, 250 g Zwiebeln, 40 g Butter

Die Erbsen müssen eine Nacht lang eingeweicht werden, bevor sie mit dem Wasser, klein geschnittenem Porree, den Möhren und dem Salz zum Kochen gebracht werden. Die Erbsen müssen ganz langsam ca. 2 bis 2 ½ Std. kochen. Sie müssen sehr langsam kochen, damit sie nicht platzen, jedoch muss das Wasser verkocht sein.

Inzwischen werden die anderen Zutaten zubereitet. Der getrocknete Speck wird in Würfel geschnitten und in der Pfanne ausgebraten. Dann stellt man ihn warm. Die Zwiebeln werden in dünne Scheiben geschnitten und in der Butter knusprig braun gebraten. Sie geben nun alles getrennt in vorgewärmte Schüsseln. Das ist bei dem schweren Essen wichtig. Die Erbsen werden nochmals mit Salz abgeschmeckt.

Auf dem Tisch stehen jetzt Grau-Arten, Speck mit Fett, Zwiebeln, Senf und eingelegte Essigpflaumen mit Saft (↑ Seite 110). Dieses Gericht wird mit allen Zutaten von einem Teller gegessen.

Guten Appetit!

»Groot Bohnen« – Große Bohnen mit Speck

Zutaten: 1 kg Große Bohnen (Saubohnen, Puffbohnen), 250 g frischer, durchwachsener Speck, ¼ l Wasser, 3 Möhren, 2 Zwiebeln, 250 g Mettwurst, Salz, etwas Pfeffer, Petersilie, etwas Mehl

Der Speck wird mit dem kochenden Wasser zum Kochen gebracht. In der Zwischenzeit werden die ausgehülsten Bohnen in kochendem

Wasser abgekocht. Man gießt sie ab und gibt sie zu dem Speck in den Topf, ebenfalls die in Stücke geschnittenen Möhren und Zwiebeln. Die Kochzeit beträgt insgesamt ungefähr 1 ½ Std. Kurz vor dem Anrichten schmeckt man mit Salz, Pfeffer und gehackter Petersilie ab. Falls nötig, stäubt man noch etwas Mehl darüber und lässt die Bohnen nochmals durchkochen. Dazu isst man Salzkartoffeln und Zwiebelstipp (↑ Seite 100).

»Wuddels« oder Möhren

Zutaten: 1 ½ kg Möhren, ½ l Wasser, 4 EL Butter, 1 EL Kartoffelmehl, etwas Zucker und Salz, viel Petersilie

Die Möhren werden geschabt, gewaschen und dann in Würfel oder Scheiben geschnitten. Sie werden in Brühe oder Wasser mit Butter und etwas Salz weich gedünstet. Die Garzeit beträgt etwa 30 Minuten. Kurz vor dem Anrichten verrührt man das Stärkemehl und gibt es an die Möhren. Dann lässt man alles noch einmal aufkochen und schmeckt es mit Salz und Zucker ab. Das Gericht wird mit viel Petersilie bestreut.

Dazu schmecken gut gebratene Rippchen und Salzkartoffeln.

»Insett Bohnen«

(Schnippelbohnen)

Zutaten: 1 ⅓ kg gesalzene Bohnen, 40 g Butter, 30 g Mehl, ⅛ l Milch, ⅛ l Sahne, Petersilie

Die Insett Bohnen werden gründlich gewässert und etwa 10 Minuten in kochendem Wasser abgekocht. Man gießt sie ab und bereitet aus den angegebenen Zutaten eine helle Tunke. Hierin gibt man die abgekochten Bohnen und bestreut das Gericht mit gehackter Petersilie. Mit Salz braucht man nicht abzuschmecken, da die Bohnen schon salzig sind.

Hierzu schmeckt besonders gut Hammelfleisch.

Grüne Bohnen

Zutaten: 1 kg Bohnen, 40 g Butter, etwas Muskat, Salz
Abwandlung: 1 Zwieback, 1 EL Butter

Junge zarte Bohnen werden gewaschen und abgefädelt. Sie werden in Stücke gebrochen und in kochendem Salzwasser 20 Minuten langsam gekocht. Nun gießt man sie auf einen Durchschlag und gibt sie in den Topf zurück und mischt die Bohnen mit Butter, Muskat und Salz. Man kann noch gehackte Petersilie darüber streuen.

Dazu isst man mit Vorliebe Matjeshering (↑ Seite 70) und Pellkartoffeln. In einigen Gegenden Ostfrieslands werden die Matjesheringe auch durch Apfelmus ersetzt (↑ Seite 111).

Abwandlung: Man kann die Bohnen auch in eine Auflaufform geben und mit geriebenem Zwieback und Butterflöckchen versehen und dann kurz im Backofen 10 Minuten bei 220 °C überbacken.

Grüne Bohnen mit Schinken oder Speck

Zutaten: 1 ½ kg Bohnen, 750 g getrockneter, durchwachsener Speck oder Schinken, ¾ l Wasser, wenig Salz, etwas Muskat

Der Schinken oder Speck wird mit dem Wasser aufgesetzt und 1 ½ Std. vorgekocht. Nun gibt man wie im vorigen Rezept die vorbereiteten Bohnen, allerdings ungekocht, dazu und lässt es weitere 20 Minuten dünsten. Man schmeckt es mit wenig Salz und Muskat ab. Vorsicht, der Speck ist schon gesalzen!

Dazu reicht man Pannstipp (↑ Seite 100) und Salzkartoffeln.

»Insett Buskool«

(Sauerkraut)

Zutaten: 500 g Sauerkraut, ⅛ l Wasser, 500 g getrockneter Wangenspeck,1 Zwiebel, Pfeffer, Schnittlauch

Das Wasser wird mit dem Wangenspeck zum Kochen gebracht. Es muss ungefähr 45 Minuten kochen. Dann gibt man das leicht abgespülte Sauerkraut und die klein geschnittene Zwiebel dazu und lässt es nochmals 30 Minuten dünsten. Das Sauerkraut muss saftig, aber nicht wässerig sein. Man kann zuletzt eine geriebene Kartoffel mitgaren lassen. Mit etwas Pfeffer abschmecken und mit Schnittlauch bestreuen.

»Buskool« – Weißkohl

Zutaten: 1 ½ kg Weißkohl oder Wirsing, Salz, 30 g Mehl, 30 g Butter, ½ l Milch, Muskat, 1 Ei
Als Belag: 1 Zwieback, 1 EL Butter

Der Kohl wird geschnitten und in Salzwasser gekocht. Nach 15 Minuten wird er abgegossen, und man stellt aus den oben angegebenen Zutaten eine Tunke her, die man zuletzt mit einem Ei abzieht.

Man gibt den Buskool in eine feuerfeste Schüssel, reibt einen Zwieback darüber und verteilt darauf kleine Butterflöckchen. Die Schüssel wird kurz zum Überbacken in den Backofen geschoben (10 Minuten bei 200 °C).

Rotkohl

Zutaten: 1 ½ kg Rotkohl, 2 Nelken, 3 Zwiebeln, ⅛ l Wasser, 3 EL Essig, 3 EL Rotwein, 375 g Äpfel, 1 Lorbeerblatt, 60 g Schmalz, 4 EL Salz, Zucker, Johannisbeersaft oder -gelee heute auch Pflanzenfett

Der Rotkohl wird sehr fein geschnitten, die Nelken in die ganzen Zwiebeln gesteckt und mit kochendem Wasser, Essig und Rotwein übergossen. Der Kohl muss eine Stunde dünsten. In der letzten halben Stunde gibt man die geschälten und in Viertel geschnittenen Äpfel dazu und dünstet sie mit weich. Ebenfalls kommt das Lorbeerblatt mit hinein. Nun gibt man das Fett dazu und schmeckt den Rotkohl mit Salz, Zucker, Johannisbeersaft oder Marmelade ab.

»Kool« – Grönkohl

»Grönkohl« ist zur Winterzeit, wenn die ersten Nachtfröste über das Land gezogen sind, eines der beliebtesten Essen in Ostfriesland. Jeder Verein, jeder Kegelklub wählt seinen Grünkohl-König. Man trifft sich zu einem geselligen Beisammensein, oft nach einer kleinen Wanderung, und erfreut sich an diesem deftigen Essen. Wer am längsten isst, wird König. Zur Freude aller Beteiligten wird ihm der Palmzweig, ein mit Silberpapier umwickelter Kohlstrunk, überreicht, an welchem eine Flasche Klarer befestigt ist.

Zutaten: 2 ½ kg Grönkohl, 100 g Schmalz, 3 Zwiebeln, Salz, ½ – ¾ l Wasser, 500 g Rippchen oder Bauchspeck, 500 g Kassler, 6 EL Hafergrütze, 500 g Pinkelwurst, Pfeffer

Der »Kool« wird von den Stielen und Strünken befreit und mehrmals gründlich gewaschen. Dann lässt man ihn 5 Minuten in kochendem Salzwasser überwallen. Hiernach wird er tüchtig ausgedrückt und auf einem Brett klein geschnitten. Das Schmalz wird im Topf zerlassen und die klein geschnittenen Zwiebeln darin angeröstet. Der Kohl wird dazugegeben und kurz mitgeröstet. Danach salzen und mit Wasser auffüllen! Speck, Kassler und Hafergrütze kommen nun dazu, und das Gericht muss jetzt ca. 1 bis 1 ½ Std. dünsten. In der letzten halben Stunde kommt die Mettwurst mit dazu. Vor dem Servieren schmeckt man noch einmal mit Salz und Pfeffer ab.

Zu diesem Essen passen gut »Lütje Tuffels« (↑ Seite 90).

Rosenkohl

Zutaten: 750 g Rosenkohl, ⅛ l Wasser, Salz, 40 g Butter, Muskat
Abwandlung: 1 Zwiebel, 1 EL Butter

Die welken Blätter und Stielchen werden von den Knospen des Rosenkohls abgeschnitten und der Rest anschließend gründlich gewaschen. Sie werden in Salzwasser und Butter 30 Minuten gedünstet, und zwar so, dass die Rosen nicht zerfallen. Das Gemüse wird mit Muskat und evtl. noch mit Salz abgeschmeckt.

Abwandlung: Den gekochten Rosenkohl in eine feuerfeste Schüssel geben, mit geriebenem Zwieback bestreuen und Butterflöckchen daraufsetzen und dann im Backofen 10 Minuten bei 200 °C überbacken.

Zuckererbsen

Zutaten: 1 kg Zuckererbsen, 500 g getrockneter Schinken, ½ l Wasser, etwas Muskat

Der Schinken wird mit dem Wasser zum Kochen gebracht und ca. 1 Std. gedünstet. Die Zuckererbsen werden nicht ausgehülst, sondern nur von den Fasern befreit, dann gründlich gewaschen und zu dem Schinken in den Topf getan. Man lässt es zusammen noch weitere 30 Minuten dünsten. Das Gericht wird mit etwas Muskat abgeschmeckt. Im Allgemeinen erübrigt sich das Salzen, da der Schinken ja bereits gesalzen ist.

Dazu isst man neue Kartoffeln und Buttersoße (geschmolzene Butter). Zu den frischen Zuckererbsen isst man in Ostfriesland gerne »Mehlpütt« (↑ Seite 95).

Geschmorte Zwiebeln

Zutaten: 1 ½ kg Zwiebeln, ½ l Wasser oder Brühe, 1 TL Zucker, etwas Salz und Muskat, 3 EL Butter

Gleichmäßige Zwiebeln von mittlerer Größe werden geschält und mit Brühe, Zucker, Salz, Muskat und Butter im geschlossenen Topf etwa 1 bis 1 ½ Std. gekocht. In der letzten halben Stunde lässt man die Zwiebeln im offenen Topf garen, damit die Flüssigkeit verdunstet und die Zwiebeln schön braun werden.

Kartoffel- und Mehlgerichte

Schmorkartoffeln

Zutaten: 1 kg Kartoffeln, 100 g getrockneter, fetter Speck oder Schmalz, 1 Zwiebel, etwas Salz

Die Kartoffeln werden geschält und in dünne Scheiben geschnitten. Der Speck wird gewürfelt und in der Pfanne erhitzt, und darin werden die Kartoffelscheiben angebraten. Man gibt die klein geschnittene Zwiebel und etwas Salz darüber und schließt die Pfanne mit einem Deckel ab. Die Kartoffeln müssen nun langsam 15 Minuten schmoren. Dann nimmt man den Deckel ab und brät die Kartoffeln in der offenen Pfanne schön knusprig.

Bratkartoffeln

Zutaten: 1 kg gekochte Kartoffeln (Rest), 100 g getrockneter, fetter Speck oder Schmalz, 1 Zwiebel, etwas Salz

Der Speck wird in der Pfanne ausgelassen und die in Scheiben geschnittenen Kartoffeln rundherum braun gebraten. Zuletzt werden erst die Zwiebelwürfel mit gebraten, da sie sonst leicht zu braun werden. Mit wenig Salz würzen!

In einigen Gegenden Ostfrieslands aß man abends zu Bratkartoffeln Rote Bete und hinterher Schwarzbrot mit Käse oder Buttermilchbrei.

»Lütje Tuffels« – Röstkartoffeln

Zutaten: 1 kg gleichmäßige, frisch geerntete, kleine Kartoffeln, 1 Prise Salz, 100 g Schmalz, 1 TL Puderzucker

Die kleinen Kartoffeln werden gründlich gewaschen und gekocht. Danach werden sie gepellt und kalt gestellt. Das Schmalz wird in der Pfanne erhitzt, und darin werden die Kartoffeln von allen Seiten braun angebraten und zuletzt mit Puderzucker bestäubt, damit sie Glanz bekommen.

»Reesen Kookjes«
oder auch
»Dree in de Pann«

Zutaten: 20 g Hefe, 1 Prise Zucker, ⅜ l Milch, 500 g Mehl, 2 Eier, 1 Prise Salz, Schmalz zum Ausbacken (heute auch Öl)

Die Hefe wird mit etwas Zucker und 3 EL lauwarmer Milch verrührt. Nun vermengt man das Mehl mit der Hefe, den verquirlten Eiern, der lauwarmen Milch und etwas Salz. Der geschmeidige Teig wird in eine mit Mehl ausgestreute Schüssel gelegt und zum Aufgehen an einen warmen Ort gestellt. Wenn er die doppelte Höhe erreicht hat, sticht man mit einem Löffel Teig ab und backt in der Pfanne in heißem Fett kleine, flache »Kookjes«. Wenn man »Reesen Kookjes« als Hauptmahlzeit nimmt, so isst man dazu grünen Salat (↑ Seite 104) oder Apfelmus (↑ Seite 111). Hat man noch einen Rest Eintopf, so serviert man die Kookjes als Nachtisch mit Zucker und Sirup.

»Prüllkers«
auch »**Schwemmertjes**« genannt

Diese typischen ostfriesischen, kleinen Kuchen nennt man Prüllkers, wenn sie in der Prüllkerspfanne gebacken wurden. Diese gusseiserne Pfanne hat im Boden mehrere kugelige Ausformungen und wurde auf die offene Herdstelle gestellt. Backt man die Kuchen in schwimmendem Fett, so heißen sie Schwemmertjes.

Zutaten: 500 g Mehl, ¼ l Milch, 3 Eier, 40 g Hefe, 3 EL Zucker, 75 g Butter, 250 g Korinthen, Schmalz oder Öl zum Ausbacken

Der Hefeteig wird wie bei »Reesen Kookjes« zubereitet. Die kleinen Kuchen werden aber nicht flach gedrückt, sondern zu runden Kugeln geformt und dann in schwimmendem Fett ausgebacken.

Man isst sie nach einem Resteessen warm mit Zucker und Sirup. Sie schmecken auch sehr gut kalt.

In einigen Gegenden Ostfrieslands erhalten die Kinder Prüllkers, wenn sie ein gutes neues Jahr wünschen.

»Stampsel« auch wohl »Tuffel Stamp« genannt

Zutaten: 1 kg Kartoffeln, Salz, 3 EL Mehl

Die gekochten Kartoffeln gut abdämpfen lassen und mit dem Mehl bestreuen. Danach so lange stampfen, bis sich ein Kloß bildet. Dabei muss sehr schnell gestampft werden. Die Masse wird als Kloß auf einem vorgewärmten Fleischteller angerichtet. Hierzu schmeckt sehr gut ausgebratener Speck und Sirup. Man kann allerdings auch jede Fleischsorte nehmen. Bleibt ein Rest, so schneidet man die kalte Masse in Scheiben und brät sie in Schmalz aus. Dazu reicht man Zucker und Sirup.

»Tuffelpannkok« – Kartoffelpfannkuchen

Zutaten: 1 kg Kartoffeln, 2 Eier, 2 EL saure Sahne, 1 geriebene Zwiebel, 2 Zwiebäcke, etwas Salz, Mischfett: Speckwürfel und Schmalz oder auch Öl zum Backen

Die Kartoffeln werden gerieben und zum Abtropfen 5 Minuten auf einen Durchschlag gegeben. Danach werden die geriebenen Kartoffeln mit den verschlagenen Eiern, der Sahne, der Zwiebel, den geriebenen Zwiebäcken und etwas Salz vermengt. Nun gibt man sie löffelweise in das heiße Fett und backt sie unter einmaligem Wenden knusprig braun. Dazu schmeckt gut Apfelmus.

Speckpfannkuchen

In vielen ostfriesischen Familien, besonders auf dem Lande, wird noch heute zum Frühstück Pfannkuchen gebacken.

Zutaten: 3 Eier, ¼ l Milch, wenig Salz, 100 g Mehl, 100 g dünne Speckscheiben, evtl. Schmalz

Eier, Milch und etwas Salz werden tüchtig miteinander verquirlt und das Mehl langsam dazugegeben. Man lässt dünne Speckscheiben evtl. mit wenig Schmalz in der Pfanne aus, gibt eine kleine Kelle Teig darüber und backt den Pfannkuchen von beiden Seiten goldgelb aus.

Grüner Salat, mit Sirup angerichtet, schmeckt besonders gut dazu.

Eierpfannkuchen

Zutaten: 4 Eier, ¼ l Milch, etwas Salz, 3 EL feines Mehl, Schmalz oder auch Öl

Das Eigelb wird mit Milch und etwas Salz verquirlt und das Mehl langsam dazugegeben. Zur Lockerung des Teiges wird das steif geschlagene Eiweiß vorsichtig untergehoben. Der Teig wird in der Pfanne in heißem Fett dünn und gleichmäßig von beiden Seiten ausgebacken.

Auch hierzu schmeckt gut Sirup oder Zucker oder auch Apfelmus.

»Bookweitenschubbers« – Buchweizenpfannkuchen

Die Bookweitenschubbers wurden hauptsächlich in den Moorgebieten Ostfrieslands zubereitet, in denen der Buchweizen auf den Hochmoorböden angebaut wurde. Zur Düngung des mageren Bodens brannte man die Hochmoorflächen ab und säte den Samen in die Asche.

Zutaten: 500 g Buchweizenmehl, 4 Eier, Salz, ¾ l Milch oder kalter Tee, 250 g getrockneter, durchwachsener Speck, Schmalz

Aus Buchweizenmehl, Eiern, Salz und Milch oder Tee wird ein dickflüssiger Teig bereitet und ca. 5 Stunden beiseite gestellt zum Quellen. Der Speck wird in dünne Scheiben geschnitten und mit dem Schmalz in der Pfanne ausgebraten. Darauf gibt man eine kleine Kelle Teig in die Pfanne und brät die Pfannkuchen auf beiden Seiten braun aus.

Feinschmecker essen zum Buchweizenpfannkuchen Sirup oder Bickbeeren (Blaubeeren). Ein gut gekühlter ostfriesischer Klarer sollte wegen der besseren Verträglichkeit hinterher getrunken werden.

»Speckendicken« I für Waffeleisen

(Rezept von 1918)

Speckendicken werden in Ostfriesland hauptsächlich im Rheiderland, dem Westteil Ostfrieslands, links der Ems, am Silvestermittag in jedem Haus warm gegessen und als Rest in den folgenden Tagen kalt. Viele Rheiderländer backen einen ganzen Tag lang Speckendicken und erfreuen damit Verwandte, die außerhalb von Ostfriesland leben. Es ist ein wohlschmeckendes, jedoch etwas schweres Essen, deshalb darf dazu ein »Pingelsöpke«, ein Schnaps, nicht fehlen. Speckendickenmehl kann man in Ostfriesland fertig gemischt kaufen, oder man mischt es selbst. Das Mischungsverhältnis beträgt 1:2.

Zutaten: 250 g Hafergrütze, 2 l Milch, 500 g Sirup, 750 g Schmalz, 1 ½ kg Weizenmehl, 500 g Roggenschrot, 5 Eier, 1 Päckchen gemahlener Zimt, 1 Päckchen gemahlener Anis, getrocknete Mettwurstscheiben

Die Hafergrütze wird in der Milch gar gekocht. Nun wird der Sirup und das Schmalz in der abgekühlten, lauwarmen Hafergrütze dünnflüssig gemacht. Man gibt nacheinander alle Zutaten hinein und verrührt alles tüchtig. Der Teig muss nun einige Tage im Keller stehen. Dadurch wird der Geschmack verfeinert. Danach wird es im Speckendickeneisen, einem Herzchen-Waffeleisen, gebacken. Man gibt einen Löffel dickflüssigen Teig und darauf drei Scheiben lufttrockene Mettwurst in das Waffeleisen und backt es goldgelb aus.

»Speckendicken« II für Waffeleisen

Zutaten: ¾ l Milch, 250 g Sirup, 200 g Zucker, 250 g Schmalz, 1 kg Roggenmehl, 500 g Weizenschrotmehl, 6 Eier, 1 Päckchen gemahlener Anis, 1 Päckchen Cardamon, gemahlen, ½ Päckchen Backpulver, getrocknete Mettwurst

Die Milch wird mit dem Sirup, dem Zucker und dem Schmalz lauwarm erwärmt. Nun gibt man das Mehl in eine Schüssel, und in die Mitte kommen die verschlagenen Eier, die erwärmte Milch, die Gewürze und das Backpulver. Alles wird zu einem dickflüssigen Teig verarbeitet, der eine Nacht ruhen muss. Am folgenden Tag wird er wie im vorigen Rezept gebacken.

»Speckendicken« III für Waffeleisen

Zutaten: 1 l Wasser, 375 g Sirup, 250 g Zucker, 1 ½ kg Roggenmehl, 500 g Weizenschrotmehl, 6 Eier, 200 g Schmalz, 250 g Rosinen, 1 Päckchen gemahler Anis, getrocknete Speckstreifen, getrocknete Mettwurstscheiben, Schmalz oder Öl zum Ausbacken

Der Teig wird wie bei Rezept II zubereitet. Am folgenden Tag werden dünne Speckscheiben in der Pfanne mit etwas Schmalz ausgelassen, und der Teig wird darauf plinsenartig verteilt. Auf jedes Teigplätzchen gibt man drei Scheiben lufttrockene Mettwurst. Sodann backt man die kleinen Kuchen in der Pfanne goldgelb aus. Dazu ein kräftiger heißer Grog!

»Mehlpütt«

auch Puffert genannt

Zutaten: 30 g Hefe, 1 TL Zucker, 4 EL Milch, 800 g Mehl, 3 Eier, ½ l Milch, 1 EL Schmalz, 1 Prise Salz

Die Hefe wird mit Zucker und 4 EL lauwarmer Milch verrührt. Man gibt das Mehl in eine Schüssel und vermengt die lauwarme Milch, Eier, Schmalz, Salz und Hefe miteinander. Der Teig muss tüchtig geschlagen werden und zum Aufgehen auf ein bemehltes Tuch oder eine Serviette gelegt werden. Wenn der Teig genügend aufgegangen ist, wird er lose mit dem Tuch unter einen Topfdeckel gebunden. In einem Topf wird Wasser zum Kochen gebracht und darüber wird der Teig mit dem Deckel gegeben, er darf aber nicht im Wasser hängen. Langsam muss er darin ¾ Std. kochen. Man muss achtgeben, dass das Wasser nicht verkocht. Der Teig kann auch in einer Rodonkuchenform im Wasserbad zubereitet werden. Den Mehlpütt isst man warm mit Birnen und Vanillesoße oder mit Milchsoße (↑ Seite 101).

»Beestmelkpütt« oder »Pirl in't Pütt«

Wenn die Kühe gekalbt haben und viel sogenannte Beestmelk, die erste Milch der Kuh, anfällt, kann man einen sehr schmackhaften Beestmelkpütt bereiten. Dieses Gericht wird auch heute noch viel in Ostfriesland gegessen und ist für viele eine Delikatesse.

Zutaten: 2 l Beestmelk, 1 l Wasser, 1 kg Mehl, 2 TL Natron

Beestmelkpütt wird auf die gleiche Weise zubereitet wie Mehlpütt. Dazu reicht man Birnen, zerlassene Butter und Zucker oder Sirup.

»Klütje«

Zutaten: 200 g getrockneter, durchwachsener Speck, 500 g Mehl, 1 Ei, 30–40 g Hefe, 1 EL Schmalz, etwas Salz, etwas Zucker, ¼ l Milch
Abwandlung: Man kann auch 250 g Rosinen mit in den Teig geben.

Der Speck wird gewürfelt und in einem Bratentopf ausgelassen. Der Hefeteig wird wie bei Mehlpütt (↑ Seite 95) zubereitet und auf den etwas abgekühlten Speck in den Topf gegeben. Er muss jetzt etwas aufgehen. Wenn er doppelt so hoch ist, gibt man den Topf mit Deckel in den Backofen und backt den Teig langsam knusprig braun.

Nach 20 Minuten wendet man den Klütje vorsichtig, damit er auch von der anderen Seite braun wird. Die Backzeit beträgt etwa 20 Minuten bei 175 °C.

Man kann auch Rosinen mit in den Teig geben.

Man isst Klütje warm mit Birnenkompott, Vanillesoße oder mit Milchsoße und Sirup oder Zucker und Buttersoße. Kalt schmeckt er gut zum Tee.

»Klütje« mit Zuckererbsen und Schinken

Zutaten: 1 kg Zuckererbsen, ½ l Wasser, etwas Salz, Pfeffer und Zucker
Klütje: 275 g Mehl, 2 Eier, etwas Salz, 30 g Hefe, ¼ l Milch, etwas Zucker, 1 EL Schmalz

Die Zuckererbsen werden im Wasser mit etwas Salz, Pfeffer und Zucker gekocht. Die Garzeit beträgt etwa 1 Std. In der Zwischenzeit bereitet man den Hefeteig wie im vorigen Rezept und lässt ihn vorsichtig auf die abgekochten und etwas abgekühlten Erbsen in den Topf gleiten. Nun langsam mit den Zuckererbsen weiterkochen lassen. Die Garzeit beträgt etwa 30 Minuten.

Man reicht dazu gewürfelten, ungeräucherten Schinken und Buttersoße. Zuckererbsen kann man nicht einfrieren, man hat sie im Garten oder kauft sie auf dem Markt frisch.

Soßen

»Pannstipp« – Zwiebelsoße

Zutaten: 250 g getrockneter, durchwachsener Speck, 2 EL Butter, 750 g Zwiebeln, 2 EL Mehl, 1 l Milch, etwas Salz und Pfeffer

Der in Würfel geschnittene Speck wird mit der Butter in der »Pann« – Pfanne – ausgebraten. Man lässt die fein geschnittenen Zwiebeln darin dünsten, gibt das Mehl dazu, füllt die Mehlschwitze mit der Milch auf und schmeckt mit etwas Salz und Pfeffer ab.

Senfsoße

Zutaten: 3 EL Mehl, 3 EL Butter, ¾ l Brühe oder Fischsud, 3 EL Senf, etwas Zucker, Salz und Sahne

Eine hellbraune Mehlschwitze herstellen und mit der Brühe ablöschen. Nun gibt man den Senf dazu und schmeckt alles mit Zucker, Salz und Sahne ab.

Sahnemeerrettich

Zutaten: 125 g Sahne, 50 g Meerrettich, etwas Salz

Die süße Sahne wird steif geschlagen, und man hebt den geriebenen Meerrettich und etwas Salz vorsichtig unter.

Rosinensoße

Zutaten: 3 EL Mehl, 100 g Butter, ¾ l Brühe vom Pökelfleisch, 1 Tasse Rotwein, etwas Nelkenpulver, etwas Muskat, etwas Salz, etwas Zucker, 100 g gekochte Rosinen, 2 Scheiben Zitrone (ungespritzt)

Das Mehl wird in das leicht gebräunte Fett gegeben und unter Rühren gleichmäßig gebräunt. Die Mehlschwitze wird mit Fleischbrühe und Rotwein aufgefüllt und mit den Gewürzen abgeschmeckt. Nun gibt man die gekochten Rosinen und die ungespritzten Zitronenringe dazu und lässt die Tunke 10 Minuten garziehen. Vor dem Servieren die Zitronenschalen entfernen.

Milchsoße

Zutaten: 2 EL Butter, 1 EL Mehl, ½ l Milch, etwas Salz, etwas Zucker, 1 Eigelb

Man schwitzt die Butter mit dem Mehl und gibt schnell die Milch dazu. Darauf lässt man sie unter ständigem Rühren gut durchkochen und schmeckt die Tunke mit etwas Salz und Zucker ab, mit Eigelb abziehen.

Vanillesoße

Zutaten: ¾ l Milch, 1 Vanilleschote, 1 Prise Salz, 2 EL Zucker, 1 EL Stärkemehl, 4 Eigelb
Abwandlung: Sahne oder Eischnee

Die Milch wird mit der Vanillestange, Salz und Zucker zum Kochen gebracht. Die Stärke wird mit kalter Milch angerührt und in die kochende Flüssigkeit gegeben. Unter ständigem Rühren zum Kochen bringen. Das Eigelb mit einigen Löffeln Soße verrühren und nun an die nicht mehr kochende Tunke rühren. Wollen Sie die Soße mal kalt reichen, so können Sie sie mit geschlagenem Eiweiß oder steif geschlagener Sahne verfeinern.

Salate

Bohnensalat

Zutaten: 1 kg grüne oder gelbe Salatbohnen
Soße: ¼ l dicke saure Sahne, 2 EL Zucker, 2 EL Essig, etwas Salz, Schnittlauch

Kleine Salatbohnen werden, nachdem sie gut abgefasert sind, in kochendem Wasser und Salz weich gekocht und zum Abkühlen auf einen Durchschlag gegeben. Nun bereiten Sie aus der Sahne, dem Zucker, Essig, Salz und Schnittlauch eine pikante Soße und lassen die Bohnen darin gut durchziehen.

Grüner Salat

Zutaten: 2 Kopf Salat
Soße I: ¼ l saure Sahne, 1 EL Zucker, etwas Salz, 2 EL Essig, heute auch Zitronensaft
Soße II: ¼ l saure Sahne, 2 EL Essig, Salz, Zucker, Schnittlauch, 2 rohe Eigelb

Salat wird gründlich, aber vorsichtig gewaschen und erst ganz kurz vor dem Anrichten mit einer der beiden Soßen vermengt. In der Gegend um Norden aß man früher gern Speckpfannkuchen mit grünem Salat, der mit ausgelassenem Speck, Sahne und Sirup vorsichtig vermengt wurde.

Notizen & weitere Rezepte:

Eingemachtes

»Insett Bohnen« – Schnippelbohnen

Zutaten: 5 kg Bohnen, 1 ½ kg Salz

Grüne, weichschalige Bohnen werden abgefädelt und gründlich gewaschen. Nun werden sie in der Maschine geschnippelt und lagenweise mit Salz in einen Steintopf (Püllpott) geschichtet. Man nimmt immer einen großen Suppenteller Bohnen und eine kleine Hand voll Salz und knetet sie, bis es schäumt. Der Saft muss überstehen. Dann kommt die nächste Lage. Zuletzt legt man gewaschene Weinblätter auf die Bohnen, dazu ein sauberes Leinentuch und darüber ein Brett mit einem Stein zum Beschweren. Alle 8 Tage sollte das Tuch gewechselt und der Stein abgewaschen werden. Nach ca. 6 Wochen können die Bohnen das erste Mal zum Kochen verwandt werden.

»Insett Buskool« – Sauerkraut

Zutaten: 10 kg Weißkohl, 150 g Salz

Man entfernt vom Kohl die äußeren Blätter, die groben Blattrippen und den Strunk. Der Kohl wird nun ganz fein geschabt und zum Schluss mit dem Salz vermengt. Der »Püllpott« muss gründlich gereinigt sein, bevor man den Buskool einstampft. Auf den Boden des Steintopfes legt man einige Weißkohlblätter, gibt etwas Salz darüber und beginnt nun mit dem kräftigen Einstampfen. Auf keinen Fall darf mehr Salz verwandt werden, da es die notwendige Gärung verhindert. Als oberste Lage gibt man auch Kohlblätter, dann ein Leinentuch, ein Brett und zuletzt wieder einen Stein. Jede Woche müssen Tuch, Brett und Stein gereinigt werden.

Zuckergurken

Zutaten: 15 große, gelbe Gurken, ½ l Weinessig, ¾ l Wasser, 1 EL Salz, 250 g Zucker, 1 Zimtstange, 2 Ingwerwurzeln, 6 Nelken

Die Gurken gründlich waschen und bürsten und einen Tag in Wasser legen. Danach abtrocknen, schälen und in 5 cm lange Stücke schneiden. Essig und Wasser mit den Gewürzen zum Kochen bringen, die Gurkenstücke hineingeben und fünf Minuten darin ziehen lassen. Nun werden die Gurken in gut gespülte Gläser gefüllt. Den Sud noch etwas einkochen lassen und erkaltet über die Gurken geben. Die Gläser gut mit Einmachhaut verschließen und an einem luftigen und kühlen Ort aufbewahren.

Salzgurken

Zutaten: 60 mittelgroße Gurken, 3 ½ l Wasser, Dill, ½ l Essig, 450 g Salz

Die Gurken durchsticht man mit einer Nadel und legt sie einen Tag in kaltes Wasser. Man wäscht sie nochmals und reibt sie ab und füllt sie mit Dill in vorbereitete Gläser oder in einen Steintopf. Das Wasser wird mit Essig und Salz aufgekocht und erkaltet über die Gurken gegeben. Die Gurken müssen mit der Lösung gut bedeckt sein. Man behandelt sie weiter wie bei Zuckergurken.

Kürbis

Zutaten: 1 kg Kürbis, 1 l Essig, ¼ l Wasser, 625 g Zucker, 2 Ingwerwurzeln, 1 Zimtstange

Den Kürbis schälen und in fingerdicke und 2 cm lange Stücke schneiden. Den Essig und das Wasser mit den Gewürzen zum Kochen bringen und durchsieben. Dann den Kürbis in der Essiglösung 35 Minuten ziehen lassen und eine Nacht kühl stellen. Am folgenden Tage das Ganze nochmals kochend heiß werden lassen und am dritten Tage ebenfalls. Nun füllt man den Kürbis in Gläser und überbindet sie mit Cellophanpapier.

Zwetschen

Zutaten: 2 ½ kg Pflaumen, 2 Zimtstangen, 6 Nelken, ½ l Weinessig, ¼ l Wasser, 1 kg Zucker

Die Zwetschen werden gewaschen und mit einem Tuch abgerieben. Sie werden nun mehrmals mit einer Nadel eingestochen und mit Zimt und Nelken in einen gut gesäuberten Steintopf gelegt. Nun werden Essig, Wasser und Zucker aufgekocht, abgeschäumt und kalt über die Zwetschen gegeben. Nach zwei Tagen wird der Saft abgegossen und nochmals aufgekocht, die Pflaumen werden nun hinzugetan und mitgekocht, bis sie Risse bekommen. Man nimmt sie nun heraus, lässt den Saft dicklich einkochen und gießt ihn kalt über die Früchte. Der Steintopf wird sofort mit Cellophan verbunden.

Birnen

Zutaten: 2 ½ kg kl. Birnen, 1 kg Zucker, ¾ l Weinessig, 2 Zimtstangen, Schale einer unbehandelten Zitrone

Hierfür nehmen Sie am besten kleine Tafelbirnen. Man schält sie nur und gibt sie sofort in kaltes Wasser, damit sie schön weiß bleiben. Der Zucker wird mit dem Essig aufgekocht und abgeschäumt, bevor man die Birnen und Gewürze hineingibt. Man kocht sie so lange, bis die Birnen klar aussehen und der Saft etwas eingekocht ist. Die Zimtstangen und Zitronenschale werden entfernt, und die Birnen werden mit dem Saft in einen gut gereinigten Steintopf gefüllt und zugebunden. Die Birnen müssen mit der Flüssigkeit bedeckt sein.

Rote Bete

Zutaten: 1 kg Rote Bete, 5 Zwiebeln, ¼ l Weinessig, ¼ l Wasser, 2 Nelken, einige Pfefferkörner, etwas Zucker, etwas Salz, Salzwasser

Die Knollen werden gewaschen und in kochendes Salzwasser gegeben und ca. 2 Stunden gekocht. Nun wird die Haut der Rüben in kaltem Wasser abgestreift. Nach dem Erkalten werden sie in dünne Scheiben geschnitten. Diese Scheiben werden abwechselnd mit Zwiebelringen in ein Zubindeglas oder einen Steintopf geschichtet. Der Essig wird mit dem Wasser und Gewürzen aufgekocht und dann über die Rote Bete gegossen.

Apfelmus

Zutaten: 1 kg Äpfel, ⅛ l kochendes Wasser, 1 Zimtstange, 150 g Zucker

Die Äpfel werden geschält, in Stücke geschnitten und vom Kerngehäuse befreit und sofort ins Wasser gegeben, damit sie nicht braun werden. Danach werden sie mit der Zimtstange in einen großen flachen Topf gegeben, mit Zucker bestreut und mit Wasser begossen. Man lässt die Äpfel zerkochen, nimmt die Zimtstange heraus und dreht sie dann durch ein Passiersieb.

Auf das Einwecken von Obst gehe ich hier nicht näher ein. In Ostfriesland kocht man alle Obstsorten getrennt ein und reicht diese Früchte dann zu Vanillepudding etc. Heute können Sie das Obst ja auch sehr gut einfrieren.

Kürbismarmelade

Zutaten: 1 kg Kürbis, 400 g Zucker, Saft einer Zitrone

Der Kürbis wird geschält, entkernt und ohne Wasser weich gedünstet. Wenn er gar ist, wird er durch ein Sieb gestrichen und wieder zum Kochen gebracht. Nun wird langsam der Zucker und der Saft der Zitrone eingerührt. Die Marmelade 2 Minuten durchkochen lassen und kochend heiß in die erwärmten Gläser füllen. Die vollen Gläser mit einseitig angefeuchtetem Cellophan verschließen.

Stachelbeermarmelade

Zutaten: 1,2 kg Stachelbeeren, ¼ l Wasser, 600 g Zucker

Unreife Stachelbeeren werden entstielt, gewaschen, mit Wasser erwärmt, bis sie Saft gezogen haben. Nun alles gut aufkochen lassen und durch ein Sieb streichen. Das Fruchtmark langsam zum Kochen bringen, den Zucker einrühren und 5 Minuten kochen lassen. Weiter verfahren wie bei Kürbismarmelade.

Dreifruchtmarmelade

Zutaten: 7 kg Stachelbeeren, 2 kg schwarze Johannesbeeren, 6 kg rote Johannesbeeren, 10 kg Zucker

Die durch den Fleischwolf gedrehten Stachelbeeren musig kochen, die schwarzen Johannesbeeren zerquetschen und zugeben und ordentlich mit durchkochen, zuletzt die roten Johannesbeeren zufügen und unter tüchtigem Rühren einmal durchkochen lassen. Vom Feuer nehmen und nach und nach den ganzen Zucker dazugeben, nochmal aufkochen lassen und rühren, bis der ganze Zucker aufgelöst ist. In die vorbereiteten Gläser füllen und weiter verfahren wie im vorigen Rezept.

Apfelgelee

Zutaten: 4 kg Äpfel, 4 l Wasser, 2 kg Zucker, 1 Vanilleschote, 3 EL Zitronensaft

Unreife kleine Äpfel werden gewaschen, geviertelt, mit Schale und Kerngehäuse, jedoch ohne Blüte und Stiel, in Wasser sehr weich gekocht. Man lässt die Äpfel mit dem Wasser mehrere Stunden kalt stehen, schüttet sie dann auf ein Tuch und lässt den Saft durchlaufen. Der Saft wird mit dem Zucker und der Vanille und Zitronensaft so lange eingekocht, bis er am Löffel breit zieht und abtropft. Der Gelee wird schön klar, wenn der Saft sehr schnell einkocht. Er wird, wenn er in Gläser gefüllt ist, mit einem Rumpapier versehen und mit Cellophan verschlossen.

Saft (ungekocht)

Zutaten: 1 ½ kg Frucht, (Brombeeren, Himbeeren, Erdbeeren oder Johannisbeeren), 40 g Weinsteinsäure, 1–2 l Wasser, 750 g Zucker

Die Weinsteinsäure wird in Wasser gelöst, und diese Lösung gibt man über die gründlich gewaschenen Früchte. Man lässt sie 24 Stunden stehen und gibt sie dann auf ein Tuch, damit der Saft ablaufen kann. Nun wird er mit dem Zucker verrührt, er muss mehrmals umgerührt werden, damit sich der Zucker löst. Ist der Zucker vollständig gelöst, wird der Saft in saubere Flaschen gefüllt und mit einem Mulläppchen verschlossen.

Saft wird in Ostfriesland sehr viel zubereitet, da man ihn gern zu Pudding serviert oder aber als Getränk mit Wasser verdünnt.

Notizen & weitere Rezepte:

Quittengelee Quitten zerschnitten mit Wasser bedeckt, gar kochen, dann nicht auslassen, sondern gleich in Beutel füllen. Auf 1 ℔ Saft ½ ℔ Zucker Schale einer Citrone Saft. Kochen bis es steif ist. Den Saft kann zu [illegible] kochen, wird bald fest.

Quittenmarmelade Quitten zerschneiden mit wenig Wasser gar kochen, 24 Stunden stehen lassen dann durch ein grobes Sieb rühren. Auf 4 ℔ Masse 1 ℔ Zucker Schale einer Citrone. Wenn man den Rückstand der Gelee-

früchte nimmt, Saft einer Citrone dazu. Etwa 5–7 Stunden auf Abstellteller kochen, oft rühren, zuletzt immer bis es steif ist

Apfel und Pflaumenmarmelade

Äpfel 2/3 Pflaumen 1/3 oder nur Äpfel oder Pflaumen allein. Pflaumen entsteinen, Äpfel durch Fleischmaschine nachdem das Kerngehäuse und Stiel entfernt ist, ebenso die Pflaumen. Dann auf 6 ℔ 1 ℔ Zucker, bei Äpfel allein Citronensaft und Schale. Kochen bis es steif ist. Man kann auch Äpfel und Quitten nehmen und vor dem Kochen mit Wasser alles durch ein Sieb rühren.

Notizen & weitere Rezepte:

Nachtisch

Eierflaa

Zutaten: 10 Eier, 1 l Milch, Rotwein, Zucker, Korinthen

Die Eier werden verquirlt und die Milch dazugegeben. Man füllt diese Masse in eine ausgefettete Auflaufform oder Puddingform und kocht sie langsam im Wasserbad, etwa 45 Minuten. Der Eierflaa wird in der Auflaufform oder auf einer vorgewärmten Platte serviert. Dazu reicht man erwärmten Rotwein, Zucker und gewaschene Korinthen.

Zwiebackpudding I

Zutaten: 20 Zwiebäcke, ½ l Milch, 60 g Butter, 60 g Zucker, 3 Eier, abgeriebene Schale einer unbehandelten Zitrone, 50 g Stärkemehl, 50 g gehackte Mandeln, Pflaumen

Die Zwiebäcke werden in heißer Milch eingeweicht. Butter wird mit Zucker und Eigelb schaumig gerührt, und nach und nach kommen Zitronenschale, Stärkemehl und Mandeln dazu. Der Zwieback wird ausgedrückt hinzugegeben, ebenfalls der Eischnee. Die Masse lagenweise mit entsteinten Pflaumen in eine ausgefettete Puddingform füllen und 1 Stunde im Wasserbad kochen lassen. Vor dem Servieren mit Puderzucker bestäuben.

Zwiebackpudding II

Zutaten: 80 g geriebene Zwiebäcke, 80 g Zucker, 8 Eier, ½ l Weißwein, 5 EL Zucker

Der Zucker mit dem Eigelb wird 10 Minuten gerührt, dann kommen der geriebene Zwieback und Eischnee dazu. Die Masse gibt man in eine gut gefettete Kuchenform und backt sie bei mäßiger Hitze dunkelgelb. Man sturzt die Speise auf eine Schüssel und übergießt sie mit kochendem Weißwein, der mit Zucker gesüßt wurde. Der Wein wird von der Speise vollkommen aufgesaugt.

Welfenspeise

Zutaten: ½ l Milch, 80 g Zucker, 1 Prise Salz, 80 g Stärkemehl, 4 Eischnee
Soße: 4 Eigelb, 80 g Zucker, Saft von einer Zitrone, ¼ l Weißwein

An die kochende Milch mit Zucker gibt man Salz und das angerührte Stärkemehl, lässt alles unter kräftigem Rühren aufkochen und hebt vorsichtig das steif geschlagene Eiweiß unter und gibt die Creme in eine Schale.

Für die Soße werden alle Zutaten zusammen in einem Topf verquirlt und im Wasserbad zu einer dicklichen Masse geschlagen. Diese gießt man auf die erkaltete Creme.

Arrac-Creme

Zutaten: 10 Eier, 250 g Zucker, 10 Blatt Gelatine, 2 Tassen Wasser, 3 cl. Arrac

Das Eigelb mit dem Zucker 10 Minuten rühren. Die Gelatine in zwei Tassen Wasser nach Vorschrift auflösen und langsam zu der Creme geben. Das Eiweiß sehr steif schlagen und mit dem Arrac unter die Masse heben. Gut gekühlt servieren.

Apfelpudding

Zutaten: 1 kg Äpfel, 500 g Zucker, 1 l Wasser, 14 Blatt rote Gelatine, ¼ l Weißwein, 2 cl. Arrac

Die Äpfel werden geschält, entkernt und in Würfel geschnitten und mit Zucker gar gekocht. Man rührt sie nach dem Kochen durch ein Sieb und gibt die in Weißwein aufgelöste Gelatine und den Arrac dazu. Servieren Sie den Apfelpudding gut gekühlt mit Vanillesoße (↑ Seite 101) oder mit Sahne.

»Rode Grütt« I – Rote Grütze

Zutaten: ½ l Himbeersaft, ½ l Rotwein,
70 g Grieß, 2 Eiweiß

Himbeersaft und Rotwein werden aufgekocht und der Grieß langsam eingerührt. Ist er genügend gequollen, so zieht man unter die heiße Masse den steif geschlagenen Eischnee und füllt die Rode Grütt in eine mit kaltem Wasser ausgespülte Puddingform. Dazu Vanillesoße oder flüssige süße Sahne.

»Rode Grütt« II – Rote Grütze

Zutaten: 1 l Saft (Himbeer- oder Johannisbeersaft),
125 Grieß oder Sago, Saft von einer Zitrone

Den Saft mit dem Grieß oder Sago tüchtig durchkochen lassen. Zitronensaft zugeben und in eine ausgespülte Form geben. Dazu flüssige Sahne. Verwendet man Sago, so muss er 30 Minuten in der Flüssigkeit quellen.

Rhabarberkompott

Zutaten: 1 kg Rhabarber, 200 g Zucker, ⅛ l Wasser,
2 EL Zitronensaft, 2 Zwiebäcke oder Sago, 2 Eiweiß

Der gewaschene Rhabarber wird mit Zucker und Wasser weich gekocht. Den Saft kocht man ein oder macht ihn mit gestoßenem Zwieback oder Sago sämig. Anschließend vorsichtig steif geschlagenes Eiweiß unterschlagen.

Vanillepudding

Zutaten: 1 l Milch, 1 Vanilleschote, 60 g Zucker, 1 Prise Salz, 2 Eier, 40 g Stärkemehl

Die Milch mit der Vanille, dem Zucker und dem Salz zum Kochen bringen und das mit Eigelb und Milch verrührte Stärkemehl dazutun. Unter ständigem Rühren gründlich aufkochen lassen und dann das steifgeschlagene Eiweiß auf die Creme geben und im geschlossenen Topf 5 Minuten ziehen lassen. Nicht mehr kochen lassen, die Vanilleschote entfernen und das Eiweiß unter die Speise mischen und in eine ausgespülte Glasschüssel füllen.

Dazu serviert man in Ostfriesland Himbeer- oder Erdbeersaft

Schokoladenpudding

Zutaten: 1 l Kaffee oder 1 l Milch, 100 g Zucker, 1 Prise Salz, 60 g Schokolade, 80 g Stärkemehl, 2 Eiweiß

Den Kaffee oder die Milch mit Zucker und Salz zum Kochen bringen. In die kochende Flüssigkeit gibt man die Schokolade und das angerührte Stärkemehl. Hat der Pudding gut durchgekocht, verfährt man mit dem Eiweiß wie beim Vanillepudding. Dazu reicht man steif geschlagene Sahne oder Vanillesoße (↑ Seite 101).

Zur Stachelbeerzeit sollten Sie

Stachelbeercreme

probieren!

Zutaten: 500 g Stachelbeeren mit Saft gekocht, 125 g Sahne, 2 Päckchen Vanillezucker

Die Früchte und der Saft werden mit dem Elektroquirl zerkleinert. Man mischt das Mus mit der steif geschlagenen Sahne und dem Vanillezucker und füllt die Creme in Gläser. Gut gekühlt servieren!

Auch dieses Rezept möchte ich Ihnen empfehlen!

Rote Johannisbeeren mit Quark

Zutaten: 500 g Johannisbeeren, 6 EL Zucker, ⅛ l Rotwein, für den Quark: 500 g Sahnequark, ¼ l Milch, 2 EL Zucker, 1 Päckchen Vanillezucker

Die Johannisbeeren einzuckern, mit Rotwein begießen und in einer Glasschüssel 2 Std. ziehen lassen. Den Quark mit der Milch, dem Zucker und dem Vanillezucker sämig rühren und über die Beeren geben.

Dicke Milch

Zutaten: 1 ½ l Milch, Käselab, Zucker, Zimt, Korinthen

Die frisch gemolkene Milch an warmen Abenden in flache Portionsschüsselchen schütten und an einem warmen Ort stehen lassen. Am anderen Mittag kann man die gesäuerte und eingedickte Milch, mit Zucker, Zimt und Korinthen bestreut, als Nachspeise essen.

Will man Dickmilch im Winter herstellen, so gibt man etwas Käselab aus der Drogerie mit in die Milch, das beschleunigt das Dickwerden der Milch.

Notizen & weitere Rezepte:

Backen

»Rullerkes« – Zimtröllchen oder dicke Eiserkuchen

Zutaten: 250 g aufgelöste Butter, 500 g Zucker, 8 Eier, 4 g gemahlener Zimt, 750 g Mehl

Man löst die Butter auf und lässt sie erkalten. Nach dem Erkalten wird sie sahnig gerührt, und nach und nach werden Zucker, Eier und Zimt dazugegeben. Zuletzt hebt man das Mehl darunter und formt aus dem Teig kleine Kugeln, die man eine Nacht stehen lässt und dann im Eiserkucheneisen goldgelb ausbackt. Man lässt die »Rullerkes« nach dem Backen sofort in ein Weinglas fallen, darin rollen sie sich von selbst.

»Rullerkes« ist ein typisches Weihnachtsgebäck, das schon vor dem Fest gebacken wird und in großen Milchkannen oder Blechdosen aufgehoben wird.

»Neejahrskoken« I – Neujahrskuchen

Zutaten: 200 g weißer Kandis, ½ l Wasser, 200 g Butter, 1 Ei, 1 EL gemahlener Zimt, 1 EL gemahlener Anis, 450 g Mehl

Der Kandiszucker wird in heißem Wasser aufgelöst und zum Abkühlen hingestellt. Die Butter wird ebenfalls flüssig gemacht. Ist die Butter abgekühlt, rührt man sie sahnig und gibt nach und nach Ei, Gewürze, Zuckerlösung und Mehl dazu. Dieser Teig sollte nach Möglichkeit auch erst am nächsten Tag gebacken werden.

Sie werden im Eiserkucheneisen dünn ausgebacken und schnell zu einer Tüte gedreht.

In Blechdosen aufbewahren! »Neejahrskoken« werden in jedem Haushalt zum Jahreswechsel gebacken und dann dem Besuch angeboten, wenn er ein gutes neues Jahr wünscht, daher auch der Name Neujahrskuchen.

Waffeleisen findet man fast noch in allen Haushaltungen Ostfrieslands, die alten Eisen für »Wawaltjes« allerdings sehr selten. Die Innenflächen dieser alten Zangen sind mit Jahreszahlen, Figuren, Hauswappen oder Buchstaben versehen und dienen heute fast nur noch zur Dekoration.

»Neejahrskoken« II – Neujahrskuchen

Zutaten: 500 g Kandiszucker, ¼ l Wasser, 250 g Butter, 3 Eier, 1 Paket gemahlener Kardamom, ½ Paket gemahlener Anis, 1 Päckchen Vanillezucker, 700 g Mehl

Die Zubereitung erfolgt wie bei dem vorigen Rezept.

Zuckerbankett

Zuckerbankett ist ein beliebtes Gebäck zu Weihnachten. Es wird aus Blätterteig hergestellt und mit Marzipan gefüllt. Es ist eine große Brezel von ca. 20 cm. Zuckerbankett wird aber kaum noch selbst gebacken, sondern fast immer beim Bäcker gekauft.

Herzchenwaffeln

Zutaten: 150 g Butter, 3 Eier, 1 Päckchen Vanillezucker, 1 EL Rum, 300 g Mehl, 100 g Kandis, ⅛ l Wasser

Die Butter schaumig rühren und nach und nach die Eier, Vanillezucker, Rum und Mehl dazugeben. Der Kandiszucker wird in dem Wasser aufgelöst und lauwarm zum Teig gegeben. Der Teig muss dickflüssig sein und wird im heißen Herzcheneisen goldgelb ausgebacken und nach dem Backen mit Puderzucker bestreut.

Dazu serviert man Sahne oder auch wohl Preiselbeeren.

Ein typisches Gebäck zum Nikolaustag ist der Sünnerklaaskerl, der heute fast nur noch in den Bäckereien und vielerorts noch in den alten Formen für Sünnerklaasgood oder Christkindjegood hergestellt wird.

Sünnerklaaskerl I – Nikolauskerl

Zutaten: 750 g Mehl, 50 g Hefe, ¼ l Milch, 1 Prise Salz, 30 g Zucker, 80 g Butter, 2 Eier

Aus den Zutaten einen geschlagenen Hefeteig herstellen wie bei dem Rezept für Butterkuchen (↑ Seite 128). Den Teig ausrollen und mithilfe einer Schablone den Klaaskerl herstellen. Als Augen nimmt man Rosinen, ebenfalls für die Nase und den Mund. Bei 200 °C etwa 15 Minuten backen. Das Gebäck kann mit leichter Zuckerglasur überzogen werden.

Sünnerklaaskerl II – Nikolauskerl

Zutaten: Spekulatiusteig – 200 g Butter, 3 Eier, 500 g Zucker, 2 g Zimt, 1 g Kardamom, 1 Msp. Backpulver, abgerieben Schale 1 unbehandelten Zitrone, 500 g Mehl

Die Butter wird mit den Eiern und dem Zucker schaumig gerührt und nach und nach werden die Gewürze und das Mehl darunter geknetet. Der Teig bleibt eine Nacht stehen, wird zur Rolle geformt und in die mit Mehl ausgestäubten alten Formen gedrückt. Der überstehende Teig wird abgeschnitten und der Sünnerklaaskerl vorsichtig herausgenommen. Man gibt sie auf ein gefettetes Backblech und backt sie bei mittlerer Hitze hellbraun.

Ostfriesischer Butterkuchen

Zutaten: 500 g Mehl, 40 g Hefe, ¼ l Milch, 75 g Zucker, 100 g Butter, 1 Ei, 1 Prise Salz
Belag: 125 g Butter, 2 TL Zimt, 125 g Zucker

Die Hefe mit etwas lauwarmer Milch und einem Teelöffel Zucker verrühren. Das Mehl in eine tiefe Schüssel geben, in die Mitte eine Vertiefung machen und die verrührte Hefe hineingeben, etwas Mehl darüber geben und zugedeckt etwa 20 Minuten warm stellen. Die Milch mit der Butter, dem Zucker und dem Salz erwärmen und mit dem Vorteig vermengen. Zuletzt das Ei dazugeben und so lange schlagen, bis sich der Teig vom Schüsselboden löst. Den Teig nochmals 20 Minuten aufgehen lassen, dann ausrollen und auf ein gefettetes Backblech legen. Mit der Gabel mehrmals hineinstechen.

Für den Belag die Butter geschmeidig machen und mit dem Pinsel auf die Teigplatte streichen, mit Zucker und Zimt bestreuen und 20 Minuten bei 200 °C backen.

Zwetschenkuchen

Zutaten: 500 g Mehl, 40 g Hefe, ¼ l Milch, 1 Prise Salz, 80 g Butter, 60 g Zucker
Belag: 2 kg Zwetschen, 100 g Zucker, ½ TL Zimt, 50 g flüssige Butter

Der Hefeteig wird wie bei dem Rezept für Butterkuchen zubereitet (↑ Seite 128). Man rollt den Teig aus, belegt ein gefettetes Backblech damit und bestreicht den Teig mit flüssiger Butter. Die entsteinten und eingeschnittenen Pflaumen werden dicht nebeneinander gelegt. Dabei muss jede Pflaumenreihe die vorige zum Teil überdecken, da der Kuchen sonst nach dem Backen nicht genügend bedeckt ist. Der Kuchen muss ca. 30 Minuten bei 200 °C backen.

Nach dem Backen wird er mit dem Zimt-Zuckergemisch bestreut.

Pflaumenkuchen schmeckt am besten frisch. Man kann ihn jedoch sehr gut einfrieren und Gäste und die Familie im Winter mit frischem Zwetschenkuchen erfreuen.

Wenn Sie Besuch erwarten, sollten Sie unbedingt folgendes Rezept ausprobieren:

Ostfriesischer Schneckenkuchen I

Zutaten für den Teig: 750 g Mehl, 1 Paket Backpulver, 3 Eier, 50 g Zucker, 150 g Butter, ⅛ l Milch
Zutaten für die Fülle: 500 g Butter, 100 g Sukkade, 350 g Rosinen, 125 g Korinthen in 5 EL Rum getränkt, 60 g gemahlene Mandeln, 1 EL Zimt, 250 g Zucker

Aus den oben angegebenen Zutaten bereitet man einen Knetteig, rollt daraus eine große quadratische Platte, die man in 4 Teile aufteilt. Die Teigplatten werden mit flüssiger Butter bestrichen und mit den anderen Zutaten bestreut, die man vorher gründlich miteinander vermischt hat. Nun wird alles fest aufgerollt und in 4 cm Streifen geschnitten und in eine große, gefettete Springform dicht nebeneinander gelegt. Den Kuchen mit Butter bepinseln und ca. 1½ Std. bei 175 °C backen.

Der Kuchen bleibt besonders gut saftig und frisch, wenn man ihn während des Aufbewahrens mit einem Rumtuch bedeckt. Den Schneckenkuchen kann man auch gut einfrieren.

Ostfriesischer Schneckenkuchen II

Zutaten für den Teig: 350 g Mehl, 40 g Hefe, ¼ l Milch, 60 g Zucker, 100 g Butter, 1 Prise Salz
Zutaten für die Fülle: 200 g Rosinen oder Korinthen in 3 EL Rum getränkt, 40 g Sukkade, 40 g Orangeat, 60 g gemahlene Mandeln, 125 g Zucker, 2 TL Zimt, 250 g Butter

Das Mehl in eine Schüssel geben, in die Mitte eine Vertiefung machen, die zerbröckelte Hefe mit etwas lauwarmer Milch verrühren, einen Teelöffel Zucker hineingeben und 15 Minuten ziehen lassen. Nun den Vorteig mit der etwas erwärmten Milch, der Butter und dem Salz vermengen und tüchtig schlagen, bis sich der Teig vom Schüsselboden löst. Nochmals 15 Minuten gehen lassen, den Teig in zwei Hälften teilen und zu Quadraten ausrollen. Hierauf streicht man flüssige Butter und verteilt die in Rum getränkten Rosinen oder Korinthen, Sukkade, Orangeat, Mandeln, Zucker und Zimt darauf. Nun rollt man jedes Quadrat fest auf. Von der Rolle schneidet man 3–4 cm große Streifen ab und legt sie fest nebeneinander in eine gut gefettete Springform, und zwar so, dass zuletzt mitten in der Form eine Rolle liegt. Der Kuchen wird vor dem Backen nochmals mit flüssiger Butter bestrichen und dann bei 175 °C etwa 60 Minuten gebacken.

Buttercremetorte

Zutaten für den Teig: 6 Eier, 360 g Zucker, 120 g Mehl, 1 Päckchen Backpulver, 120 g Stärkemehl, Saft und abgerieben Schale 1 unbehandelten Zitrone
Zutaten für die Fülle I: ½ l Milch, 150 g Zucker, 1 Päckchen Vanillepudding, 175 g Butter, Saft und abgerieben Schale 1 unbehandelten Zitrone, 5 Eiweiß, Zimt
Zutaten für die Fülle II: 350 g Butter, 150 g Zucker, 3 Eigelb, Saft von 2 Zitronen

Man schlägt das Eigelb mit dem Zucker recht schaumig und fügt dann langsam das mit Backpulver gemischte und gesiebte Mehl, Stärkemehl und Zitrone hinzu und hebt vorsichtig das steif geschlagene Eiweiß darunter. Der Teig wird in eine gut gefettete Springform gefüllt und bei Mittelhitze 200 °C etwa 30 Minuten gebacken.

In der Zwischenzeit bereitet man die Fülle.

Von der Milch, dem Zucker und Vanillepudding kocht man eine Creme, die man bis zum Erkalten tüchtig rührt. Die Butter wird schaumig gerührt, und man gibt löffelweise den erkalteten Pudding darunter. Das Abgeriebene und der Saft der Zitrone werden zuletzt dazugegeben. Den erkalteten Boden in 3 Scheiben schneiden und mit Creme bestreichen und wieder auseinandersetzen. Die Oberfläche und den Rand der Torte mit steif geschlagenem Eiweiß bestreichen und mithilfe eines Spritzbeutels Karos auf die Oberfläche spritzen und den Kuchen kurz im heißen Ofen überbacken, dass das Eiweiß fest wird. Vor dem Servieren mit etwas Zimt bestäuben.

Füllung II
Die Butter sahnig rühren und nach und nach Zucker und Eigelb dazugeben. Zuletzt langsam den Saft von zwei Zitronen unterheben. Den Bisquitboden mit der Creme füllen und ebenfalls von außen damit bestreichen. Der Kuchen wird mit grob geraspelter Schokolade bestreut.

Für Ihren nächsten Kaffeeklatsch:

Ostfriesische Knüppeltorte

Zutaten für den Teig: 150 g Mehl, 6 Eigelb, 6 EL saure Sahne, 5 EL Zucker, Butter zum Ausbacken
Zutaten für die Mandelmasse: 350 g Zucker, 250 g blättrige Mandeln, 125 g Sukkade, abgeriebene Schale 1 unbehandelten Zitrone, 2 Päckchen Vanillezucker

Aus Mehl, Eigelb, saurer Sahne und Zucker bereitet man einen lockeren Knetteig, rollt ihn aus und schneidet kleine Vierecke daraus, die man dann in der Pfanne in Butter von beiden Seiten goldgelb ausbackt.

Nun wird der Zucker für die Mandelmasse mit etwas Wasser aufgekocht, die blättrigen Mandeln, Sukkade, Zitronenschale und Vanillezucker dazugegeben, alles schnell miteinander vermengen. Nun werden die gebackenen Teigstückchen mit der anderen Masse verarbeitet und in eine mit Zuckerwasser ausgespülte Springform gegeben und festgedrückt. Der Kuchen muss eine Nacht kühl stehen! Vor dem Servieren den Kuchen mit der Form in heißes Wasser stellen oder kurz in den heißen Backofen schieben.

Apfelkuchen mit Guss

Zutaten: 375 g Mehl, 2 Eier, 4 EL Zucker, 200 g Butter, 8 Äpfel (Boskop), etwas Zucker, 40 g Rosinen
Guss: ¼ l saure Sahne, 4 Eiweiß, 6 EL Zucker, 1 TL Zimt, 60 g gehackte Mandeln

Aus den oben angegebenen Zutaten einen Knetteig bereiten. Eine Springform ausfetten und den ausgerollten Teig auf den Boden und den Rand der Form geben. Die Äpfel schälen, in feine Scheibchen schneiden und zusammen mit dem Zucker und den Rosinen auf den Teig geben und 30 Minuten bei 200 °C in den Backofen schieben. In der Zwischenzeit bereitet man den Guss vor. Man vermengt die saure Sahne mit dem steif geschlagenen Eiweiß, dem Zucker, dem Zimt und den Mandeln vorsichtig und gibt sie über den halb gebackenen Kuchen. Dann schiebt man den Kuchen nochmals in den Ofen und lässt ihn weitere 15 Minuten weiterbacken.

»Plumtortjes« – Pflaumentörtchen

Zutaten: 125 g Mehl, 1 Eigelb, 60 g Butter, ½ TL Salz
Fülle: getrocknete Pflaumen ohne Stein, Hagelzucker

Alle Zutaten werden sehr schnell zusammengeknetet, dann wie ein Brief gefaltet und wieder ausgerollt. Diesen Arbeitsgang wiederholt man viermal. Nun wird der Teig sofort messerrückendick ausgerollt und zu kleinen Quadraten geschnitten. Diese Quadrate werden mit entsteinten Pflaumen belegt, wieder zugeschlagen, mit Hagelzucker bestreut und bei starker Hitze 15 Minuten gebacken. Die getrockneten Pflaumen müssen eine Nacht eingeweicht werden, bevor sie entsteint werden.

»Pepernöte« – Pfeffernüsse

Zutaten: 3 Eier, 375 g Zucker, 1 TL Zimt, 1 TL Nelken, abgeriebene Schale 1 unbehandelten Zitrone, ½ TL Ingwer, ½ TL Muskat, 125 g Zitronat, 250 g geriebene Mandeln, 625 g Mehl, 250 g Honig, 5 g Pottasche, 3 EL Arrak oder Rum

Eier und Zucker werden 10 Minuten tüchtig gerührt und dann mit den Gewürzen vermischt. Nun gibt man das Mehl und den aufgelösten Honig dazu. Der Teig muss tüchtig geknetet werden, bis er sich von der Schüssel löst. Die Pottasche wird in dem Arrak oder Rum aufgelöst und mit untergeknetet. Man stellt den Teig 8 Tage an einen kühlen Ort und formt nun daraus kleine runde Kugeln, die man nach dem Backen mit Zuckerglasur überzieht. Backzeit bei Mittelhitze 200 °C ca. 15 Minuten.

Zuckerglasur: 250 g Puderzucker, 2 EL Wasser, ½ EL Zitronensaft

Der Puderzucker wird mit lauwarmem Wasser und Zitronensaft glatt gerührt und das fertig gebackene Gebäck damit bepinselt.

Honigkuchen

Zutaten: 60 g Zucker, 65 g Butter, 250 g Honig, 300 g Mehl, 100 g geriebene Mandeln, grob gemahlen, 5 g Zimt, 3 g Kardamom, abgeriebene Schale 1 unbehandelten Zitrone, 1 TL Pottasche in etwas Wasser aufgelöst

Zucker und Butter lässt man kochen, nimmt den Topf vom Feuer und rührt Mehl und Gewürze darunter. Wenn der Teig etwas abgekühlt ist, gibt man die in Wasser aufgelöste Pottasche dazu. Man lässt den Teig eine Nacht stehen, rollt ihn am nächsten Tag fingerdick aus, schneidet daraus kleine viereckige Kuchen, legt darauf eine Mandel oder Zitronat und backt sie hellbraun ab.

Moppen

Zutaten: 500 g Mehl, 500 g Zucker, 4 Eier, 1 TL Nelken, 1 TL Pottasche in etwas Milch aufgelöst

Die oben angegebenen Zutaten werden tüchtig miteinander verknetet. Man macht walnussgroße Kugeln daraus, drückt eine halbe Mandel darauf und backt sie hellbraun bei Mittelhitze (200 °C) ab.

Griebenplätzchen

Zutaten: 250 g Grieben, 125 g Zucker, 1–2 Eier, 125 g feine Haferflocken, 1 Päckchen Vanillezucker

Alle Zutaten gibt man in eine Schüssel und knetet sie gründlich durch. Nun gibt man mithilfe von 2 Teelöffeln kleine Häufchen auf ein gefettetes Backblech. Vor dem Backen die Plätzchen noch mit einer Gabel flachdrücken. Sie werden bei Mittelhitze 10–15 Minuten hellbraun gebacken.

»Stuut« – Brot

Zutaten: 50 g Hefe, etwas Zucker, 1 kg Weizenmehl, 500 g Roggenmehl, ¾ l Milch oder Buttermilch, 60 g Schmalz

Die Hefe wird mit 3 EL lauwarmer Milch und ½ TL Zucker verrührt. Die Hälfte des Mehls wird in eine tiefe Schüssel gegeben, man macht in die Mitte eine Vertiefung, gibt darin die Hefe, überstäubt es mit etwas Mehl und stellt es zugedeckt an einen warmen Ort. In der Zwischenzeit lässt man die Milch mit dem Schmalz lauwarm werden. Nach etwa 15 Minuten die Flüssigkeit unterrühren und zuletzt das restliche Mehl unterkneten. Es muss so lange geknetet werden, bis sich der Teig vom Schüsselboden lost. Man lässt ihn jetzt nochmals zugedeckt 20 Minuten an einem warmen Ort gehen. Wenn sich die Teigmenge verdoppelt hat, nochmals kurz durchkneten und in eine ausgefettete Brotform oder auf ein Backblech geben. Weitere 15 Minuten aufgehen lassen, dann muss das Brot 1 Std. bei mittlerer Hitze backen, und zwar im vorgeheizten Ofen.

»Krinntstuut« – Korinthenbrot

»Krinntstuut« wird besonders gern in der Weihnachtszeit gebacken. Man spart dann auch nicht mit den Zutaten wie Korinthen usw. In den Teig kann man natürlich auch weniger Korinthen und Sultaninen geben.

Zutaten: 1 kg Weizenmehl, 100 g Zucker, ½ l Milch, 40 g Hefe, 50 g Butter, 50 g Schmalz, 350 g Korinthen, 250 g Sultaninen, 100 g Sukkade, 100 g Orangeat

Der Teig wird wie bei dem Rezept »Stuut« zubereitet (↑ Seite 135). Die Korinthen usw. werden allerdings erst vor dem Formen des Brotes in den Teig geknetet. Die Backzeit beträgt bei Mittelhitze ca. 1 ½ Std.

Hier ein Nikolausgebäck:

»Krinntstuutjes« – Korinthenbrötchen

Zutaten: 500 g Mehl, 40 g Hefe, ¼ l Milch,
60 g Schmalz oder Butter, 60 g Zucker, 250 g Korinthen

Der Hefeteig wird wie bei »Stuut« vorbereitet (↑ Seite 135). Man braucht allerdings mehr Hefe, dadurch werden die Brötchen besonders locker. Der Teig muss 20 Minuten aufgehen. Vor dem Formen der Brötchen knetet man die Korinthen unter und macht eine lange Rolle, die man in 20 Stücke schneidet. Nun formt man mit der Hand daraus runde Brötchen und legt sie auf ein eingefettetes Backblech und lässt sie nochmals an einem warmen Ort 15 Minuten aufgehen. Dann werden sie im vorgeheizten Ofen bei starker Hitze in 10–15 Minuten gebacken. Nach dem Backen bepinselt man sie mit heißer Milch oder Butter.

Ostfriesisches Schwarzbrot

Zutaten: 750 g Roggenschrotmehl, 250 g Weizenmehl,
50 g Sauerteig (vom Bäcker), ¾ l lauwarmes Wasser,
1 TL Salz

Das Roggenschrotmehl und Weizenmehl in eine große Schüssel geben und etwas anwärmen. Dann in der Mitte eine Vertiefung machen. Den Sauerteig mit ½ l von dem lauwarmen Wasser in einem Gefäß gut verrühren, in die Vertiefung zu dem Mehl gießen. Ganz langsam etwa die Hälfte des Mehls mit dem Sauerteig verrühren, bis ein dickflüssiger Teig entsteht. Die Schüssel mit Tüchern bedecken, an einem warmen Ort über Nacht stehen lassen. Am nächsten Tag das restliche Wasser und das Salz hinzugeben und den Sauerteig mit dem übrigen Mehl verrühren. Nun so lange kneten, bis der Teig so fest ist, dass er nicht mehr auseinanderläuft. Zu einer Kugel formen, diese in eine angewärmte, mit Mehl ausgestäubte Schüssel legen, wieder mit Tüchern bedecken und ca. 3 Stunden an einem warmen

Ort gehen lassen. Mit bemehlten Händen aus dem Teig einen runden, nicht zu hohen Laib formen. Auf ein gefettetes Backblech legen, bei Zimmertemperatur nochmal 1 ½ bis 2 Stunden gehen lassen. Dabei die Brotoberfläche 3–4-mal mit lauwarmem Wasser bestreichen, damit sie keine Risse bekommt. Bevor der Teig in den Backofen kommt, mit einem scharfen Messer Karos einschneiden. Den Backofen vorheizen und das Brot bei 200 °C ca. 2 Stunden backen. Dann herausnehmen, mit kaltem Wasser bestreichen und zum Trocknen für einige Minuten in den ausgeschalteten, aber noch warmen Backofen schieben.

Teebrötchen

Zutaten: 125 g Butter, 125 g Zucker, 200 g Mehl, 3 Eier, 50 g Rosinen

Man rührt die Butter sahnig und gibt nach und nach alle Zutaten dazu, zuletzt die Rosinen. Nun setzt man mit einem Teelöffel kleine Häufchen auf ein gefettetes Backblech und backt sie hellbraun ab.

Notizen & weitere Rezepte:

Kartoffel-Torte.

1 Pfd gesottene kalte Kartoffel werden fein gerieben mit ½ Pfd Zucker, etwas Zimmt und Nelkenwürz, vier Eidottern, geriebene Muskatnuß recht vermischt, mit dem Schnee von vier Eiweiß vermengt und die Masse in eine Blechform gethan.
Schön gelb gebacken schmeckt vorzüglich!

Apfel-Torte.

Man reibt kaum einen Suppenteller voll Schwarzbrodt, stößt ebensoviel Zwieback und vermischt dies. Dann schneidet man einen sehr gehäuften Teller voll Äpfel in dünne Scheiben und giebt Zwieback und Zucker dazu.
Dann macht man abwechselnd eine Lage Brod und Äpfel. Auf das Brod legt man einige Stückchen Butter. Auch kann man zuletzt etwas Rotwein darüber gießen und backt dann den Kuchen gar.

Notizen & weitere Rezepte:

Getränke

»Tee na Freesenort« – Tee auf ostfriesische Art

»Ostfriesische Gemütlichkeit, hält stets ein Tässchen Tee bereit«,

so heißt es im Volksmund. Das trifft auch zu, denn Tee ist sozusagen das Nationalgetränk der Ostfriesen.

Tee wird fast zu jeder Tageszeit getrunken: morgens zum Frühstück, um 11 Uhr als sogenanntes »Elfürtje« mit einem Gläschen Branntwein, am Nachmittag zwischen 14 und 15 Uhr und abends nach dem Essen. »Teetied« wird nach Möglichkeit immer eingehalten. Auch Gäste lädt man zum gemütlichen Plaudern bei einer Tasse Tee ein. Hatte man früher Gäste am Abend, so reichte man zur Begrüßung ein Tässchen Tee.

Zutaten: Ostfriesische Teemischung, weißer Kandis, süße Sahne

Man rechnet pro Tasse 1 Teelöffel ostfriesischer Teemischung und obendrein noch einen Teelöffel für die Kanne. Für die Zubereitung benutzt man nur eine Porzellankanne, die vorher gut mit heißem Wasser ausgespült werden muss. Die Kanne wird auf ein »Teestowke«, ein Teestövchen, gestellt und der Tee hineingegeben. Darüber gießt man so viel kochendes Wasser, dass der Tee gut bedeckt ist, und lässt den Tee dann 5 Minuten ziehen. Danach gießt man die Kanne mit kochendem Wasser voll. Bevor der Tee eingeschenkt wird, gibt man in jede Teetasse einen dicken »Kluntje« Kandiszucker und gießt den Tee darüber, sodass es knistert. Darauf legt man mit einem besonderen ostfriesischen Sahnelöffel ein »Wulkje«, ein Wölkchen Sahne, und trinkt den Tee aus, ohne ihn vorher umzurühren. Ist die Tasse leer, wird erneut Tee eingegossen. Der Kandis reicht meistens für 3 Tassen.

Pharisäer

Ein Getränk, das hauptsächlich auf den Inseln getrunken wird.

Zutaten: starker Kaffee, Würfelzucker, Rum, geschlagene, süße Sahne

Die Tassen vorher gut heiß umspülen und dann zur Hälfte mit heißem Kaffee füllen, nach Geschmack zwei Stückchen Zucker dazugeben, 2 cl. Rum und als Krone ein dicker Klecks Schlagsahne. An kalten Sommerabenden ein Genuss.

Pingelschnaps

Zutaten pro Person: 1 Pingelglas, 1 Pingellöffel,
1 Pingellöffel Zucker, 1 cl. gekühlter Klarer

In Rheiderland ist Pingelschnaps ein bekanntes Getränk, es gab sogar extra Pingelgläser und -löffel. Man gab einen kleinen Löffel Zucker in das Glas, und darauf kam der gutgekühlte Klare. Getrunken wurde er mithilfe des Löffels, dabei pingelte es dann, daher der Name Pingelschnaps.

Eierbier

Zutaten: ¾ l Bier, 100 g Kandis, ½ Zimtstange, 2 Eier,
1 MSP. Ingwer, 2 cl. Korn, evtl. ⅛ l Sahne

Das Bier wird mit dem Kandiszucker und der Zimtstange erhitzt. Die Eier werden schaumig geschlagen und unter Rühren langsam zu dem heißen Bier gegeben. Die Zimtstange entfernen und sehr heiß servieren. Es schmeckt sehr gut, wenn man ungeschlagene Sahne unterrührt.

Eiergrog

Ein guter Aufwärmer für die kalte Jahreszeit.

Zutaten pro Person: 1 Ei, 2 cl. Rum 40 %, 1 EL Zucker,
kochendes Wasser

Das Ei mit Rum und Zucker tüchtig verquirlen, in ein Glas geben und mit so viel kochendem Wasser auffüllen, bis am Glasrand eine Schaumkrone ist. Sofort mit Strohhalm servieren.

»Sienbohnensopp« I – Ostfriesische Bohnensuppe

Mit einer herkömmlichen Bohnensuppe hat diese Rosinensuppe nichts zu tun, sondern es ist ein beliebtes Getränk, das bei allen größeren Familienfeiern wie Kindtaufen, Hochzeiten und Geburtstagen getrunken wird.

Zutaten: 250 g Sultaninen, 1 l Branntwein, 125 g Kandis

Die Rosinen werden mit warmem Wasser gewaschen und mit dem Branntwein in eine Terrine gegeben. Den Kandis löst man mit sehr wenig Wasser auf und gibt ihn erkaltet dazu in die Terrine und rührt alles gut durch. Nach drei Tagen, wenn die Rosinen schon vollgesogen sind, kann man die Bohnensopp in Branntwienskopke servieren. Branntwienskopke sind Teetassen ohne Henkel, dazu legt man einen kleinen Teelöffel. Hat man keine Tassen, serviert man dieses herrlich süffige Getränk in Gläsern mit Löffeln.

»Sienbohnensopp« II – Ostfriesische Bohnensuppe

Zutaten: 200 g Kandis, abgeschälte Schale von 2 unbehandelten Zitronen, 1 Päckchen Ingwerwurzeln, 250 g Sultaninen, 2 l klarer Schnaps, abgeschälte Schale von 2 unbehandelten Zitronen

Der Kandis wird mit wenig Wasser und der abgeschälten Zitronenschale und Ingwer aufgekocht. Nach dem Abkühlen gibt man die gewaschenen Sultaninen, den durchgesiebten Sud, Schnaps und die Schale von zwei neu abgeschälten Zitronen in eine Terrine. Nach drei Tagen entfernt man die Zitronenschale und bietet das Getränk gut gekühlt den Gästen.

Mein Tipp: Servieren Sie Sienbohnensopp einmal aus gekühlten Zinnlöffeln.

»Upgesetter« I – Schwarzer Johannisbeerlikör

Zutaten: 1 ½ kg schwarze Johannisbeeren, 2 l Wasser, 1 Vanilleschote, 1 ½ kg Kandiszucker, 1 l Branntwein, ½ l Rum, einige Mandeln

Die Beeren werden mit dem Wasser und der Vanilleschote aufgekocht und anschließend durch ein feines Sieb gegeben. Nun wird der Saft mit dem Kandiszucker aufgekocht und nach dem Erkalten mit dem Branntwein und dem Rum verrührt. Der Likör wird in gut gesäuberte Flaschen gefüllt, darauf einige Mandeln gelegt und anschließend verkorkt.

»Upgesetter« II – Schwarzer Johannisbeerlikör

Zutaten: 500 g schwarze Johannisbeeren, 1 l Branntwein, 250 g Kandis, ¼ Zimtstange, ¼ l Wasser

Am besten nimmt man eine gut gespülte Korbflasche mit einer weiten Halsöffnung, gibt die gewaschenen und entstielten Johannisbeeren und den Branntwein hinein, verkorkt die Flasche und stellt sie etwa 4 Wochen in die Sonne ans Fenster.

Jetzt wird der Kandis mit der Zimtstange in etwas Wasser aufgekocht, bis der Zucker sich löst. Nach dem Abkühlen wird die Zimtstange entfernt, und man gießt die Zuckerlösung zu dem Johannisbeer-Branntwein, aus dem man vorher die Johannisbeeren entfernt hat. Man stellt den »Upgesetten« nochmal 8 Tage in die Sonne, ehe man ihn das erste Mal anbietet.

»Karsbranntwein« – Sauerkirschaufgesetzter

Zutaten: 750 g Sauerkirschen, 500 g Kandis, 1 Vanilleschote, 1 l Branntwein

»Karsbranntwein« wird auf die gleiche Weise zubereitet wie Upgesetter II.

Rumpunsch

Zutaten: ½ l starker schwarzer Tee, ¼ l Rum, ¼ l Rotwein, Zucker nach Geschmack

Alle Zutaten zusammen gut erhitzen, aber nicht kochen lassen. An kalten, rauen Winterabenden das richtige Getränk.

Eierpunsch

Zutaten: 1 l Wasser, 1 EL Zitronensaft, 375 g Zucker, ¼ l Arrak, 2 Eier, 2 Eigelb

Alle Zutaten miteinander verquirlen und das Ganze im Wasserbad abschlagen, bis es dicklich wird. Sofort servieren und trinken.

Warmer Hoppel-Poppel

Zutaten: 6 Eigelb, 5 EL Zucker, 6 EL Rum, 6 Eiweiß

Das Eigelb wird mit Zucker im Wasserbad verschlagen, nun gibt man Rum dazu, und zum Schluss hebt man das steif geschlagene Eiweiß darunter.

Ein gutes Getränk für den Abend.

Kalter Hoppel-Poppel

Zutaten: 4 Eigelb, ¾ l süße Sahne, Zucker nach Geschmack, 4 cl. Arrak, etwas Muskat

Das Eigelb wird mit der Sahne und dem Zucker tüchtig geschlagen. Zuletzt wird der Arrak und Muskat untergerührt. Man füllt den Hoppel-Poppel in gekühlte Gläser.

Es ist ein süffiges, aber auch gleichzeitig stärkendes Getränk.

Rum mit Bunk

Zutaten pro Person: 1 Würfelzucker, 1 cl. Rum

Man gibt ein Stück Würfelzucker in ein Schnapsglas, darüber gießt man ein Glas gekühlten Rum, und fertig ist das Getränk.

Grog

Zutaten pro Person: 3 Würfelzucker, 2 cl. Rum, 1 Tasse kochendes Wasser

In ein heiß ausgespültes Grogglas gibt man Würfelzucker und Rum und darüber dann kochendes Wasser.

Rumtopf I

Zutaten: 500 g Früchte, 500 g Zucker, ⅔ Branntwein, ⅓ Rum 55 %

Für den Rumtopf nimmt man Erdbeeren, Sauerkirschen, abgezogene Pfirsiche, in Stücke geschnitten, ebenfalls Aprikosen, geschälte Birnen in Scheiben, Pflaumen, entkernt und geviertelt. Die Früchte sorgfältig aussuchen, waschen und in einer Schüssel einzuckern (eine Lage Früchte, eine Lage Zucker). Nach etwa einer Stunde in den Rumtopf geben und mit Rum 55 % auffüllen, sodass der Rum einen fingerbreit über den Früchten steht. Nun den Topf mit Pergament oder Cellophanpapier abdichten. Und so wird es bei jeder neuen Fruchtsorte, die man auffüllt, gemacht. Nach der letzten Füllung wird das Ganze mit einem Silberlöffel vorsichtig durchgerührt. So löst sich der am Boden befindliche Zucker, und die Früchte werden gemischt. Zum Schluss noch ½ l Rum 55 % dazu und dem Rumtopf noch eine Reifezeit von ca. 4 Wochen geben. Dann ist es soweit!

Rumtopf II

Zutaten: 500 g Früchte, 300 g Zucker, Rum 55 %

Rumtopf II wird auf die gleiche Weise zubereitet wie Rumtopf I.

Notizen & weitere Rezepte:

Häckel-Strick und Kochrecepte,
was man so zusammenschleppte
aus Journalen von Bekannten,
jungen Nichten, alten Tanten;
was man da es stets präsirte
auf ein Blatt'chen nur notirte,
um in Taschen Winkeln Ecken
es so sorgsam zu verstecken,
daß in Not und in Gefahr
es dann nie zu finden war.
Um nun, allen diesen Schätzen,
die so wichtig sind im Leben
einen sichern Ort zu geben,
darum ist dies Büchlein da,
für die sammelnde Mama,
für die hoffnungsvollen Töchter,
für die kommenden Geschlechter.

Rezeptverzeichnis

Wo Ordnung, Fleiß und Sparsamkeit
Im Hause stets regieren
Und Liebe, Sorgfalt, Freundlichkeit
Das Thun der Hausfrau zieren:
Da sind auch Freud' und Glück zu Haus,
Sie sitzen mit bei Tische;
Und Frohsinn gehet ein und aus
Und Freudigkeit und Frische.
Die Hausfrau denket früh und spat,
Was jedem wohl bekomme,
Sei's Speise oder guter Rat,
Was ihm am besten fromme. —
Des Hauses Glieder oder Gäst'
Daß keiner was entbehre
Bei Tische und beim frohen Fest,
Das sei der Hausfrau Ehre.

Fleischsuppen

Milchsuppen und Milchspeisen

Suppeneinlagen

Fleischgerichte

Hausschlachten

Wild- und Geflügelgerichte

Fischgerichte und Gerichte von Schalentieren

Eintopf- und Gemüsegerichte

Kartoffel- und Mehlgerichte

Soßen

Salate

Eingemachtes

Nachtisch

Backen

Getränke

Nebenstehenden Vorspruch fand ich in dem handgeschriebenen Kochbuch einer ostfriesischen Bäuerin, welche um die Jahrhundertwende darum besorgt war, dass ihre auf Blättchen notierten Rezepte verloren gehen könnten.

Dieser Text hat mir so viel Freude bereitet, dass ich ihn den Lesern dieses Buches nicht vorenthalten möchte; entspricht er doch so voll und ganz meinem Anliegen, »Schätzen, die so wichtig sind im Leben, einen sicheren Ort zu geben«. Viele Kochbücher, die mir gute Freunde zur Verfügung stellten, aus dem Gedächtnis aufgezeichnete Kochanweisungen und Informationen, die ich den Gesprächen mit Menschen aus den drei verschiedenen Landschaften Ostfrieslands entnahm, bildeten die Grundlage für die hier vorgelegte Sammlung ostfriesischer Rezepte.

Die ostfriesische Küche entspricht dem rauen Klima dieser Landschaft hinter den Deichen. Die Rezepte und ihre plattdeutschen Bezeichnungen weichen zwar in den einzelnen Landstrichen etwas voneinander ab, ich habe mich aber bemüht, diese aufeinander abzustimmen.

Bei meinen Reisen durch diesen nördlichen Teil Deutschlands habe ich die viel gerühmte Gastfreundschaft und Hilfsbereitschaft der Menschen zwischen Geest und Küste kennen- und schätzen gelernt. Ihnen allen möchte ich sehr herzlich danken; denn ohne ihre Hilfe hätte ich diese Sammlung nicht vorlegen können.

Mein besonderer Dank gilt auch allen, die mir bei der Vorbereitung dieses Buches durch ihren Rat und persönlichen Einsatz zur Seite standen.

Durch die vielen Gespräche bei einem guten Tässchen Tee ist mir klar geworden, dass es wichtig war, die köstlichen »Schätze« der ostfriesischen Küche »für die hoffnungsvollen Töchter, für die kommenden Geschlechter« und natürlich für Sie, liebe Leser, auszuprobieren und aufzubewahren.

So, nu la't jo't good smecken!

Annelene von der Haar